LE BOULEDOGUE FRANÇAIS

Françoise Girard

LE BOULEDOGUE FRANÇAIS

De Vecchi

Directeur de collection : docteur Florence Desachy

Les photos de couverture et les dessins de l'intérieur sont de l'auteur

SOMMAIRE

Remerciements

Je remercie bien sincèrement tous ceux qui, de par le monde, ont contribué à la documentation de cet ouvrage en répondant à mes questions ou en m'envoyant des documents ou des photographies ; mon mari qui m'a beaucoup aidée dans la tâche ingrate de la correction, de la traduction des documents étrangers et a été un agent efficace de relations publiques ; et aussi tous mes Bouledogues qui m'ont donné tant de joie et à qui je dois la rédaction de cet ouvrage.

PRÉFACE

Le Bouledogue français est une race récente dans le monde du chien de race pure. Elle n'existe en tant que race distincte que depuis la fin du XIXe siècle. En conséquence, et aussi en raison de la relative faible importance de sa population, très peu de livres spécialisés lui ont été consacrés, contrairement à d'autres races plus anciennes ou plus populaires. Un livre qui a servi de référence de travail pour les éleveurs aussi bien que pour le simple amateur de la race est *Le Bouledogue français,* le premier livre que Françoise et Jean-Pierre Girard ont écrit sur la race qu'ils aiment tant.

Maintenant, à l'aube du XXIe siècle, leur nouvel ouvrage tant attendu, version révisée, mise à jour et étoffée, a finalement vu le jour.

Dans cette nouvelle contribution à la littérature consacrée au Bouledogue français, Françoise Girard fait partager ses années d'expérience et de recherche, dans un style clair et vivant, apte à distraire et éduquer le lecteur.

La lecture vous permettra de vivre auprès d'elle et de son mari une année ou deux et de les suivre lors des phases de reproduction et d'élevage en partageant la joie qu'ils éprouvent auprès de leurs « Boules ». (Ayant personnellement passé plusieurs jours chez eux, à leur invitation, je souhaiterais pouvoir séjourner dans leur élevage une année ou plus, mais je dois me contenter de lire ce livre, car je ne pourrais pas vivre éloignée de mes propres chiens si longtemps.)

Françoise et Jean-Pierre Girard possèdent et élèvent des Bouledogues depuis 1964 et, durant cette longue période, leur affixe « de Landouar » est devenu l'un des plus respectés en Europe, j'oserais dire dans le monde. Ce nouveau livre est un résumé de leurs années d'expérience de vie et d'amour pour cette race exceptionnelle. Il apporte des informations récentes et aborde en profondeur tous les aspects du Bouledogue français : histoire de la race, choix et éducation du chiot, santé, reproduction et mise bas, soins à prodiguer aux chiots, génétique, toilettage, expositions et même un paragraphe sur les objets de collection. (Beaucoup d'inconditionnels de la race deviennent fanatiques à la simple évocation de ce dernier sujet !)

Des photos récentes accompagnent le texte.

La fonction première du Bouledogue français est d'être ami et compagnon de l'homme. Bien que de rares individus puissent subir un entraînement et même gagner des titres dans des disciplines aussi diverses que le pistage, le rapport et même la garde de troupeaux, la plupart des Bouledogues ne demandent qu'à être aimés pour être heureux.

En fait, bon nombre de gens font remarquer, après l'arrivée chez eux de leur premier Bouledogue, qu'ils n'auraient jamais imaginé qu'il fût possible de devenir aussi attaché à un chien. Bien des gens qui achètent un Bouledogue pour leur tenir « compagnie » sont finalement tellement ravis par la race qu'ils arrivent à en acquérir un second pour les expositions. Et, plus tard, ils finissent par se décider à créer un élevage et se rendent compte que l'essentiel de leur vie tourne autour du Bouledogue.

Les personnes qui sont depuis peu concernées par la race trouveront ce livre précieux car il rassemble les années d'expérience et de savoir du couple Girard dans un volume facile à lire qui guidera le novice et lui évitera une longue période d'essais et d'erreurs avec son chien. Les Bouledogues et leurs propriétaires à travers le monde salueront l'arrivée de ce livre avec plaisir et gratitude.

Janice D. Grebe, Kansas 1999

Janice D. Grebe est avant tout, avec son mari Jim, une amie sincère. Elle est aussi docteur en zoologie de l'université du Texas et a fait des recherches postdoctorales en développement génétique à l'université de Washington. Son premier Bouledogue, Minnie, est arrivé en 1980. C'était une femelle bringée qui s'est jointe au Boston Terrier de deux ans et au Teckel de dix-sept ans. Elle a rejoint le Club du Bouledogue français américain au début des années 1980 et elle est devenue présidente de la commission génétique du Club en 1990. Elle enseigne l'anatomie à des étudiants en médecine et dirige une société de consultants en médecine légale.

Les origines

Les molosses sont des chiens à la forte musculature, au crâne fortement développé, au museau court et aux mâchoires puissantes. Leur morphologie varie en fonction de leur taille et de leur format. Le Bouledogue français est considéré comme un molosse de petit format.
Il existe peu de restes fossiles permettant de situer avec exactitude le berceau des races molossoïdes. Des bas-reliefs assyriens (environ 900 ans avant J.-C.) représentent des chiens de ce type, ressemblant au chien du Tibet. Selon P. Mégnin, Marco Polo, qui se rendit à la cour du Grand Moghol en 1271, signale l'existence de chiens de très grande taille : « Il en vit qui avaient la taille d'un âne. » Alexandre le Grand en reçut plusieurs en cadeau. Ces chiens, de caractère féroce et puissamment taillés pour le combat, ont suivi les groupes de guerriers qui déferlaient de l'Orient vers l'Occident à la recherche de nouveaux territoires.
Le type primitif a subi de nombreuses variations au cours de ces voyages en étant soumis à des influences diverses : climat, ressources alimentaires, croisement avec diverses races locales. Ces chiens, d'abord utilisés comme une arme pour répandre la terreur parmi les populations à conquérir, étaient aussi des auxiliaires appréciés pour la chasse au très gros gibier. Ils servaient également au divertissement des vainqueurs et des vaincus en participant à des combats entre animaux, en particulier avec les plus dangereux : les ours, les lions ou les taureaux. Ils y montraient un courage phénoménal qui forçait l'admiration des spectateurs. Selon St John Cooper, ces luttes barbares ont perduré en Grande-Bretagne jusqu'en 1835 où une loi interdit les combats avec les taureaux, les ours, aussi bien que les combats de chiens. Mais ils ont continué discrètement « sous le manteau » pendant une cinquantaine d'années.
Entre leur arrivée sur le sol anglo-saxon et la seconde moitié du XIXe siècle, les molosses ont subi toutes sortes de variations, en particulier une diminution de la taille. Les chiots les moins forts étaient délaissés et recueillis par une population qui ne pouvait se payer le luxe d'acquérir une bête si

prisée et si chère à entretenir. Ils étaient accouplés, surtout pour la chasse aux nuisibles, à des chiens locaux, en particulier des chiens de type terrier afin d'en augmenter la ténacité. Cette réduction de la taille n'a fait que s'accentuer lorsque les combats ont cessé. À la suite de ces divers métissages, il est vraisemblable que certains sujets sont nés avec des oreilles droites.

De ses congénères : Bulldog, Mastiff et autres petits molossoïdes

À coté du Mastiff, resté grand et lourd, existe le Bulldog, plus petit mais tout aussi courageux, pesant plus de quarante livres. Le Bulldog, lui aussi, a subi divers croisements, qui l'ont rapetissé et allégé. En 1864 et 1865, à l'exposition de Manchester, les Bulldogs concourent dans deux classes : au-dessus et au-dessous de douze livres. Les plus petits sont appelés « Toy Bulldogs ». Il est nécessaire de préciser que le Bulldog anglais de cette époque ne ressemble pas du tout au Bulldog anglais que nous connaissons actuellement. Il est moins massif, avec une tête plus petite et des aplombs rectilignes. Il est plus proche du Bouledogue français, mais avec des oreilles en rose ou bien en coquille.
Les Toy Bulldogs étaient des chiens utilitaires, car on les estimait pour leurs qualités de chasseurs de nuisibles dans la maison comme dans les ateliers ou les commerces et de compagnons fidèles et peu encombrants. C'est ainsi qu'ils ont suivi les dentelliers anglais de Nottingham, quand, chassés par le chômage, ceux-ci sont venus s'installer dans le nord de la France. Bien entendu, ils s'accouplaient au hasard avec divers chiens locaux ayant les mêmes fonctions : Doguins (sorte de Dogues de Bordeaux de moindre taille), Terriers et peut-être même Carlins.Toutes les hypothèses sont possibles. Les Français les ont rapidement appréciés, au point que les marchands anglais étaient bien contents de les exporter en France en grand nombre car ils étaient un peu délaissés par les Britanniques.

Les débuts difficiles de l'élevage

Les éleveurs français étaient peu nombreux, d'origine modeste, mais déterminés à fixer les caractéristiques de la race. Leur principale préoccupation a consisté à sélectionner, non sans difficulté et sous les critiques des cynophiles, les chiens à oreilles droites et au museau le plus court possible. Pendant quelque temps, d'ailleurs, on vit concourir ensemble des sujets portant des oreilles en coquille et des sujets à oreilles droites.
En 1893 M. G. Krehl, éleveur britannique, a importé de France un petit groupe de Bouledogues français, désormais considérés comme « French Toy Bulldog », qu'il a présentés à l'exposition du Kennel Club.
Et c'est ainsi qu'a débuté la querelle de la paternité de la race du Bouledogue français.

Français ou anglais ?

M. Dick Harrison, qui a commencé à importer en Grande-Bretagne des sujets français, avant même M. Krehl, considère que les Bouledogues français sont issus des sujets britanniques et non d'un chien indigène. Il estime, non sans quelque raison, que les Français n'auraient pas exhibé une petite meute de Bouledogues français au Jardin d'acclimatation, en compagnie des animaux rares, si ce chien était une race commune en France. En fait, selon Mme de Comminges, ce petit groupe de Toy Bulldogs était venu d'Angleterre pour la chasse au blaireau et au renard grâce au comte Le Coulteux de Caumont et à M. Geoffroy Saint-Hilaire son ami. Elle avait été placée là en 1867. Elle s'y est reproduite sans apport extérieur jusqu'en1895.
Le Bulldog Club anglais a commencé par refuser d'inscrire les French Toy Bulldogs au *Stud Book* (Livre des origines anglais) arguant que les Français n'avaient pas conservé à la race sa pureté, en modifiant le port d'oreilles. Puis il est revenu sur sa décision et leur a accordé des classes au Club Show de 1899 et une inscription au *Stud Book* dans une classe particulière. On y a vu côte à côte les chiens à oreilles en coquille et les chiens à oreilles droites.
Le Toy Bulldog Club a été fondé en 1898.
Si les témoignages et les documents sur le Toy Bulldog et les débuts du Bouledogue français abondent en Grande-Bretagne et aux États-Unis (Clarke, St John Cooper, Stubbs), il est paradoxalement beaucoup plus difficile d'en trouver en France.

Type de Toy Bulldog à oreilles en coquille (début de siècle)

Le « Terrier-Boule »

En 1900, le grand cynologue Pierre Mégnin avouait :
« À l'annonce du titre de cette société (Réunion des amateurs de Bouledogues français), nous avons été très étonnés d'apprendre que nous avions une race de Bouledogues français autre que notre Bouledogue de Bordeaux. »
Quelque vingt années plus tard, P. Mégnin avançait une hypothèse plus « française » : il existait en France une race de grande taille, le Dogue de Bordeaux, et une race plus petite, le Bouledogue de Bordeaux ou du Midi, dont la taille ne dépassait pas 55 à 60 cm

à l'épaule. Ce chien aurait donné naissance au Doguin, plus petit encore, que l'on appelait aussi Roquet. Celui-ci servait, entre autres, à attraper les animaux de boucherie dans les abattoirs. Il était donc commun à Paris aux abattoirs de la Villette, berceau des premiers Bouledogues français. Il y aurait eu également dans ces lieux des chiens ratiers râblés, bien musclés et à face courte que l'un des plus célèbres fondateurs de la race, M. Roger, a appelés Terriers-Boules.
Il est difficile, faute de documents, de savoir s'ils sont vraiment à l'origine de la race.
Il semble probable que le Bouledogue français soit le résultat de multiples croisements mal définis entre les Toy Bulldogs venus de Grande-Bretagne et divers chiens locaux.
Dans un but consensuel et en utilisant une métaphore culinaire, il semble raisonnable de dire que les Britanniques ont fourni les principaux ingrédients mais que ce sont les Français qui ont établi la recette définitive qui a abouti au Bouledogue français tel que nous le connaissons.

Historique

1880 : une date clé dans l'histoire du Bouledogue français

L'histoire du Bouledogue français débute de façon bien humble chez les petites gens. Il est avant tout un chien utilitaire, « un chien de boucher », très peu apprécié de la cynophilie officielle. Ces gens modestes partagent la même passion pour « leur » chien, travaillent entre eux, sans se préoccuper ni de la mode ni des critiques. Ce sont des bouchers, des marchands de vins, des marchands de chevaux ou des cochers, des cafetiers et même une tenancière de maison de tolérance. Ils se réunissent pour comparer les mérites de leurs chiens, envisager des croisements et tenter de créer empiriquement une unité morphologique. Ils se contentent de créer, en 1880, un club amical qui compte quarante-sept adhérents. Huit années s'écoulent avant que le club ne se dote de statuts et qu'il ne définisse une ébauche de standard, accompagnée d'une échelle de points pour les jugements. Les deux types d'oreilles sont acceptés.

Un chien à la mode

À cette époque, les Américains qui voyagent en France commencent à s'intéresser à cette créature singulière, aux oreilles dressées. Un des premiers amateurs de la race, M. Phelps, de Boston, est si charmé lors d'un séjour en France de 1886 à 1889, qu'il décide, lors d'un second voyage en 1896 de rapporter plusieurs petits « Boules » aux États-Unis pour en commencer l'élevage. Cette même année, les premiers Bouledogues français sont exposés au Westminster Show et suscitent aussitôt curiosité et enthousiasme. L'effet de mode est immédiat. Les éleveurs de ces petits chiens, qui n'intéressent pas grand monde en France et qui se négocient à petit prix, voient débarquer de richissimes Américains prêts à payer des fortunes pour acheter leur production. Les prix, bien entendu, s'envolent. Mme de Comminges cite le témoignage de M. Phelps qui avait acheté Boulot pour 650 francs et qui raconte que le grand-duc Paul, neveu du tsar, a payé le sien un peu plus tard 6 000 francs.

Élevage des Montagnières de Haute-Provence (Prod., prop. et photo : P. Blanc)

En France

Ce petit chien original, qui accompagne les cochers, sort de son milieu et conquiert quelques originaux du monde artistique qui fréquentent les bars un peu louches, les maisons de tolérance et les demoiselles aux mœurs faciles et légères. On peut admirer de nos jours, au musée d'Albi, le Bouboule de Mme Palmyre, immortalisé en 1897 par le peintre Henri de Toulouse-Lautrec. Gordon Bennet, riche mécène américain, fondateur du *New York Herald* en 1835, du Jockey Club, passionné par toutes les inventions, que ce soient les aérostats ou les automobiles, s'enthousiasme pour cette création canine. Il n'aura de cesse d'utiliser ses relations pour que la race du Bouledogue français soit reconnue par les instances officielles. Un nouveau club, la Réunion des amateurs de Bouledogues français, voit le jour en 1898, sous le patronage de la Société centrale canine. Le président en est M. Gordon Bennett. Aux côtés des éleveurs d'origine modeste comme MM. Roger ou Renevret, on voit siéger des membres de l'aristocratie française, comme le prince de Wagram, le baron Carayon La Tour, le comte de Montauzon, M. Ménans de Corre, qui partagent la passion de M. Gordon Bennett pour le Bouledogue français. Un standard précis est rédigé : les oreilles droites sont seules autorisées.

UN ENGOUEMENT QUI S'EXPORTE...

Aux États-Unis

Le Bouledogue français y « fait un tabac ». Les éleveurs américains se rendent en France et acquièrent à n'importe quel prix les plus beaux sujets. Ils achèteront plus tard dans l'Europe entière les meilleures productions. L'élevage américain a donc une base solide, d'excellente qualité. Il faut reconnaître que les éleveurs américains de cette époque ont grandement participé à l'essor de la race et qu'ils se sont toujours efforcés de respecter le standard et de faire une sélection rigoureuse pour obtenir des sujets proches de la perfection.

En Angleterre

L'Europe, bien entendu, ne reste pas indifférente. En Angleterre, le Bouledogue français a des débuts délicats. D'abord traité comme un intrus, puis avec dédain, il ne bénéficie d'un club qu'en 1902. Ce n'est qu'en 1911 que le Kennel Club adopte un standard. La Première Guerre mondiale touche beaucoup les éleveurs britanniques. L'entre-deux-guerres est, par contre, une période faste où de beaux sujets voient le jour. L'élevage reprend après l'armistice avec une production de bonne qualité.

En Allemagne

Les Bouledogues français y apparaissent aux alentours de 1900. Les premiers sont venus de France. En 1909 un club allemand est fondé par quatre amateurs de nationalité différente, mais résidant en Allemagne, une Autrichienne, Mme Muller, un Anglais, M. Langford, un Espagnol, M. Blacker, et un Allemand, M. Knotz. Ce qui vaut au club d'être nommé « Internationaler Bouledogue Français Klub ». Ce club est très dynamique et les chiens importés de bonne qualité.

En Autriche

Le premier Bouledogue vient d'Angleterre et accompagne le prince de Cobourg en 1888. À partir de 1900, la demande se faisant forte et les importations insuffisantes, l'élevage local se développe sur une plus grande échelle.

En Suisse

Ce pays ne reste pas insensible au charme du Bouledogue français. Quelques sujets sont importés et un Bulldog-Klub réunit les amateurs de Bulldogs et de Bouledogues français. Un club uniquement réservé au Bouledogue français est fondé en 1924.

En Belgique

L'élevage commence en Belgique au début du siècle à partir d'importations allemandes et françaises. Le Club du Bouledogue français naît en 1937.

Dans les pays de l'Est

Nous avons très peu de renseignements sur les pays de

l'Est. On connaît cependant quelques élevages en Russie. Il n'y a rien d'étonnant à cela, puisque plusieurs membres de la famille du tsar Nicolas II, dont sa propre fille Olga, détiennent un ou plusieurs Bouledogues. La France et la langue française sont très prisées à la Cour. Le prince Ioussoupov, célèbre pour avoir assassiné Raspoutine à coups de revolver, a un Bouledogue de couleur fauve. Son portrait en compagnie de son chien est toujours exposé à Moscou.

CHIB. CHL Rose de Kerboulick (Prod. : P. Morfoisse, prop. : V. Doumy, photo : Gauzargues)

Une vedette internationale

Notre petit Bouledogue est donc devenu très rapidement une vedette internationale. Quelques Français de la Réunion des amateurs de Bouledogues français s'émeuvent de l'importance possible des influences étrangères sur la race. Ils font dissidence et créent en 1911 le Bulldog-Club de France qui réunit les amateurs du Bulldog anglais et du Bouledogue français. Cette même année, les clubs de plusieurs pays, dont l'Internationaler Bouledogue français Klub allemand, se réunissent pour rédiger un standard international. Le club français officiel ne le ratifie pas et reste fidèle à celui de 1898.

Élevage Belboulcan dans la neige au Canada (Prod, prop. et photo : D. Fischler)

INSCRIPTIONS AU LOF DE 1995 À 2005

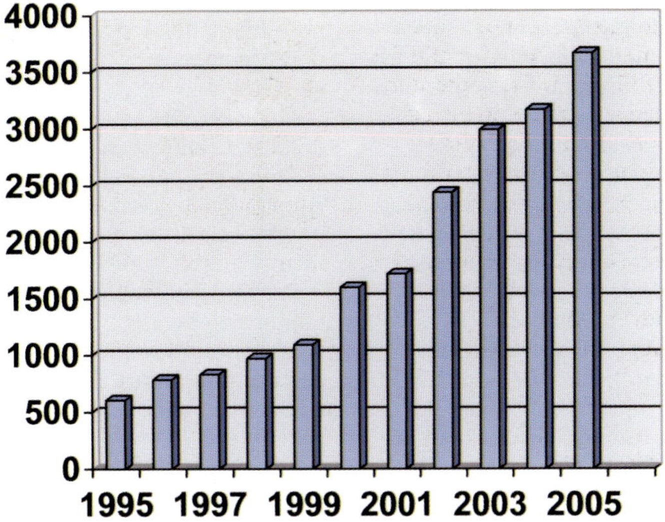

Élevage Belboulcan – Canada (Prod., prop. et photo : D. Fischler)

Le « show-biz » en raffole...

Le petit Boule ne se préoccupe guère de toutes ces intrigues. Il est partout à l'aise, dans l'aristocratie mondiale certes, mais tout particulièrement dans le milieu artistique. Parmi tous ses propriétaires, citons le chanteur Chaliapine, la meneuse de revues Mistinguett, le peintre Toulouse-Lautrec, les écrivains Colette, Francis Carco, Maurice Maeterlink, le dandy Bony de Castellane. Il est curieux de remarquer que, de nos jours, le Boule est toujours aussi apprécié dans ce milieu. Il est souvent le compagnon des antiquaires et des créateurs, qu'ils soient de mode comme Yves Saint-Laurent ou de divertissement comme Coluche. De ce fait, il figure de plus en plus souvent dans les pages des magazines à grand tirage. Sa petite gueule de star originale accroche le regard. En France, il devient donc de plus en plus populaire depuis une huitaine d'années. Il n'est qu'à regarder le nombre de naissances pour s'en convaincre.

... Et le « Boule » en pâtit

Bien entendu, cette poussée ne se poursuit pas sans quelques inconvénients pour la race. Appâtés par la vente facile, nombre d'éleveurs, plus soucieux de gains rapides que de maintien de la qualité, font reproduire des sujets manquant de type qu'ils se procurent à bas prix. La race, très protégée par des éleveurs qui ne produisaient que des chiens inscrits au Livre des origines français (LOF) jusqu'au début des années 90, se dégrade malheureusement avec une production parallèle de chiens non inscrits, vendus à bas prix, qui, hélas ! n'ont plus les caractéristiques précises du standard.

Standard

FCI-Standard N°101 / 06/04/98 / F.

Le standard est rédigé en caractères normaux. Les commentaires de l'auteur sont en italique.

Origine
France.

Date de la publication du standard d'origine en vigueur
28/04/1995.

Utilisation
Chien de compagnie, de garde et d'agrément.

Classification FCI
Groupe 9 : chiens d'agrément et de compagnie.
Section 11 : molossoïdes de petit format.
Sans épreuve de travail.

Bref aperçu historique

Probablement issu, comme tous les Dogues, des Molosses d'Épire et de l'Empire romain, parent du Bulldog de Grande-Bretagne, des Alans du Moyen Âge, des Dogues et Doguins de France, le Bouledogue que nous connaissons est un produit des différents croisements que firent les éleveurs passionnés dans les quartiers populaires de Paris dans les années 1880.
À l'époque chien des forts des Halles – bouchers, cochers – il sut conquérir la haute société et le monde des artistes par son physique si particulier et son caractère. Il se propagea alors rapidement.
Le premier club de race fut fondé en 1880 à Paris.
Le premier registre d'inscription date de 1885 et le premier standard fut établi en 1898, année où la Société centrale canine reconnut la race du Bouledogue français.
Le premier chien fut exposé en 1887.
Le standard fut modifié en 1931-1932 et 1948. Il fut reformé en 1986 par H.F. Reant et R. Triquet (publication FCI 1987), puis en 1994 par le comité du Club du Bouledogue français avec la collaboration de R. Triquet.

Roi Soleil de la Landerie (Prod. : M.-C. Dauvois)

Ugo Romantique de la Landerie (Prod. : M.-C. Dauvois)

Aspect général

Typiquement un molossoïde de petit format.
Chien puissant dans sa petite taille, bréviligne, ramassé dans toutes ses proportions, à poil ras, à face courte et camuse, aux oreilles droites, ayant une queue naturellement courte.
Il doit avoir l'apparence d'un animal actif, intelligent, très musclé, d'une structure compacte et d'une solide ossature.

Royale Canelle de Landouar (Prod. et photo : Girard, prop. : J.-P. et E. Girard)

Comportement et caractère

Sociable, gai, joueur, sportif, éveillé. Particulièrement affectueux avec ses maîtres et les enfants.

CHIB. CHL Rose de Kerboulick (Prod. : P. Morfoisse, prop. : V. Doumy, photo : Gauzargues)

Baby Bull's Chris Ruby (Prod., prop. et photo : Kari Bjornsen – Norvège)

Tendresse pour les bébés. Glaude de la Source Saint-Simond en compagnie du petit Vincent (Prod., prop. et photo : Azzolin)

Tête

La tête doit être très forte, large et carrée, la peau la recouvrant en formant des plis et des rides presque symétriques.
La tête du Bouledogue est caractérisée par un retrait du massif maxillo-nasal, le crâne ayant pris en largeur ce qu'il a perdu en longueur.
Le manque de type se caractérise par une tête trop petite par rapport au volume du corps. L'hypertype développe une tête trop volumineuse par rapport au corps.

Petronille du Bois Bourgeois (Prod. et photo : M. Bendjemia, prop. : S. Mathie)

CHCS. CHL Schwarze et Nez Guere du Cruet de Julienas (Prod. et prop. : J.-N. Wendling, photo : J.-P. Collin)

CHL. IB Ptit cœur du Bois Bourgeois (Prod., prop. et photo : M. Bendjemia)

Région crânienne

Crâne

Large, presque plate, le front très bombé. Arcades sourcilières proéminentes, séparées par un sillon particulièrement développé entre les yeux. Le sillon ne doit pas se prolonger sur le front. Crête occipitale très peu développée.

Stop

Profondément accentué.

Lorsque le crâne n'est pas plat mais bombé, dit « en pomme », la tête est trop étroite et les oreilles souvent trop écartées. Attention ! le chiot qui présente un crâne bombé vers deux mois aura généralement une tête bien conformée et bien développée à l'âge adulte. On dit que la tête « éclate » avec l'âge.

Un joyeux Frenchy de la Chapelle Saint Blaise (Prod., prop. et photo : Faget)

Royal Albert de Landouar (Prod. : Girard, prop. : Morfoisse/Girard, photo : S. Sanches)

Région faciale

Truffe

Large, très courte, retroussée, les narines bien ouvertes et symétriques, dirigées obliquement vers l'arrière. L'inclinaison des narines ainsi que le nez retroussé (dit « remouché ») doivent toutefois permettre une respiration nasale normale.

Chanfrein

Très court, large, présentant des plis concentriquement symétriques, descendant sur les lèvres supérieures (longueur

1/6 de la longueur totale de la tête).
Le manque de type se caractérise par un chanfrein long, avec un nez descendant et une absence ou un manque de plis très net. L'hypertype a un chanfrein si court que le nez paraît enfoncé dans la face (apparence de chat persan). Ce type de chien souffre souvent de troubles respiratoires.

Lèvres
Épaisses, un peu lâches et noires. La lèvre supérieure rejoint l'inférieure en son milieu et cache complètement les dents qui ne doivent jamais être visibles. Le profil de la lèvre supérieure est descendant et arrondi.

CHCS Loulou de Landouar
(Prod. : Girard, prop. : Staemfli – Suisse)

La langue ne doit jamais être apparente.

Mâchoires
Larges, carrées, puissantes. La mâchoire inférieure décrit une courbe large, aboutissant en avant de la mâchoire supérieure. La bouche

MÂCHOIRES

Mâchoires correctes

Chien bégu

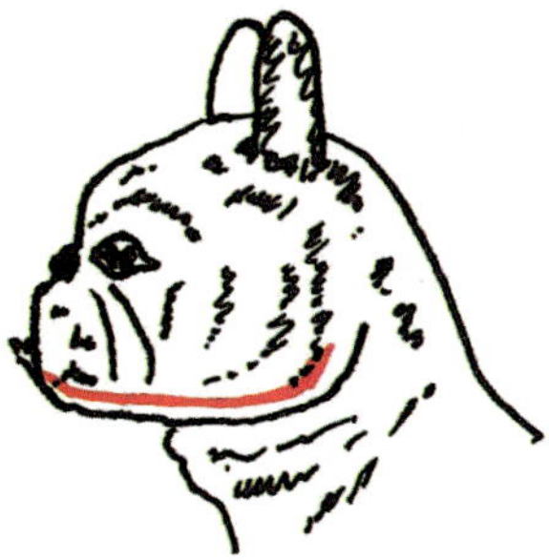

Chien grignard

Victoria Duchesse de la Landerie et Véronique la Bulldog (Prod. : M.-C. Dauvois)

Royale Canelle de Landouar (Prod. et photo : Girard, prop. : J.-P. et E. Girard)

Ouagati de Landouar (Prod. : Girard, prop. et photo : M. Morfoisse)

CHCS MC. IB Eaulympe de Landouar, une belle illustration du standard (Prod., prop. et photo : Girard)

étant fermée, la proéminence de la mâchoire inférieure (prognathisme) est modérée par l'incurvation des branches du maxillaire inférieur. Cette incurvation est nécessaire pour éviter un décalage trop important de la mâchoire inférieure.
L'absence d'incurvation de la mâchoire projette les incisives inférieures vers l'avant et aboutit parfois au dépassement des dents et de la langue. Le chien est dit grignard.

Dents
Les incisives inférieures ne sont en aucun cas en arrière des incisives supérieures. L'arcade incisive inférieure est arrondie. Les mâchoires ne doivent pas présenter de déviation latérale ni de torsion. Le décalage des arcades incisives ne saurait être strictement délimité, la condition essentielle restant que la lèvre du haut et celle du bas se rejoignent pour cacher complètement les dents.
Lorsque la mâchoire inférieure est trop courte et que les incisives inférieures se placent en retrait des supérieures, le chien est dit bégu. Les mâchoires peuvent être déviées latéralement. La langue a alors tendance a s'introduire dans l'espace laissé libre et à dépasser. Le même défaut peut se produire lorsqu'il y a torsion de la mâchoire inférieure.

Joues

Les muscles des joues sont bien développés, mais non en saillie.

Yeux

À l'expression éveillée, placés bas, assez loin de la truffe et surtout des oreilles, de couleur foncée, assez grands, bien ronds, légèrement en saillie et ne laissant voir aucune trace de blanc (sclérotique) quand l'animal regarde de face. Le bord des paupières doit être noir.

Oreilles

De grandeur moyenne, larges à la base et arrondies au sommet. Placées haut sur la tête, mais pas trop près l'une de l'autre, portées droites. Le pavillon est ouvert vers l'avant. La peau doit être fine et douce au toucher.

OREILLES

Bonne implantation

Implantation trop basse

Les oreilles donnent au Bouledogue français son aspect éveillé. Attachées trop bas, elles sont divergentes et ôtent de l'expression à la tête.

Asaheims Likke Vickingedatter, ch. Danemark, Suède, Int. - Élev. Asaheim (Prod. : I. Nielsen - Danemark)

Nouchka de Landouar (Prod. : Girard, prop. et photo : Dissard-Tanguy)

Cou

Encolure courte, légèrement incurvée, sans fanon.
Le manque de type se caractérise par un cou long et fin. L'hypertype présente un cou très réduit au point que la tête paraît directement attachée au tronc.

Ondine de Landouar à trois mois (Prod. : Girard, prop. et photo : Grion)

Scarlett (Prod., prop. et photo : Dissard-Tanguy)

De gauche à droite : Eaulympe de Landouar, Crindle's Tender Tamblyn, Iulka de Landouar, un beau trio (Prop. et photo : Girard)

Majax de Landouar (Prod. : Girard, prop. et photo : Moreau)

Pauline Bonaparte des Bouldamours (Prod. et prop. : S. Metzener, photo : Drujon)

Corps

Ligne de dessus

La ligne de dessus se relève progressivement au niveau du rein pour descendre rapidement vers la queue.
Cette forme qui doit être très recherchée a pour cause le rein court.

Dos

Large et musclé.

Rein

Court et large.

Croupe

Oblique.

Poitrine

Cylindrique et bien descendue, côtes dites « en tonneau », très arrondies.

Poitrail

Largement ouvert.

Ventre et flancs

Relevés sans être levrettés.
Le relèvement de la colonne vertébrale au niveau des reins s'appelle le roach-back.

Twist (Prod. : Roque, prop. et photo : C. Boudy)

Magdalene of Mohau (Prod. : Mrs T. Hawkins, prop. : D. Brewer)

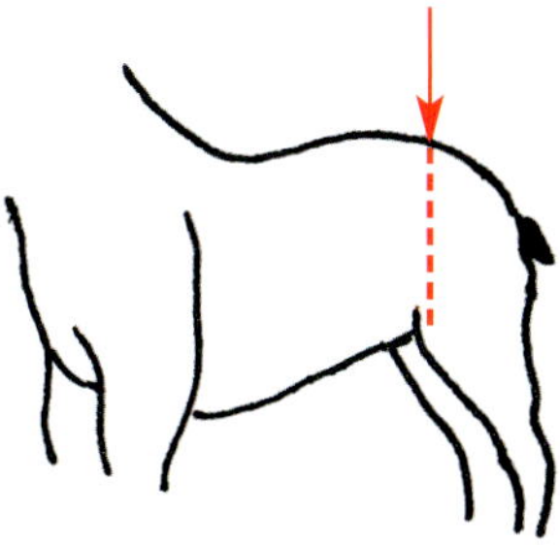

Roach-back correct

Dos droit, levretté

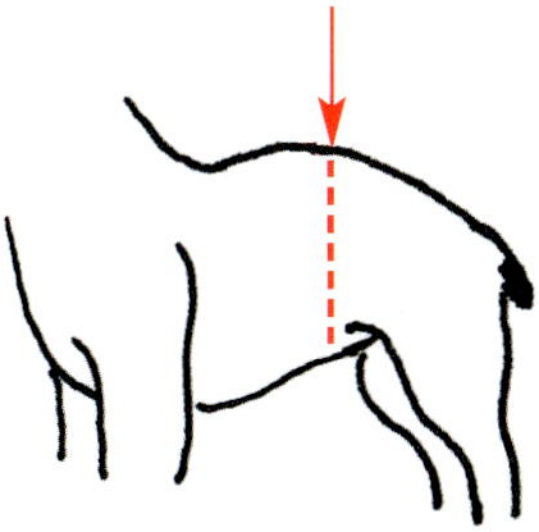

Dos de chameau

Corps trop long, dos ensellé

CHCS. CHL Schwarze et Nez Guere du Cruet de Julienas (Prod. et prop. : J.-N. Wendling, photo : J.-P. Collin)

Jamaika Ska du Vendangerot (Prod. et photo : Lesage, prop. : Delbos)

Nouchka de Landouar (Prod. : Girard, prop. et photo : Dissard-Tanguy) et Scarlett (Prod., prop. et photo : Dissard-Tanguy)

Lorsque le chien manque de type, le corps paraît trop long, généralement trop mince, la poitrine est étroite et le ventre se relève de façon exagérée.
À l'inverse, dans le cas de l'hypertype, la colonne vertébrale du chien est très courte.
De ce fait, elle ne peut présenter le roach-back *de façon satisfaisante : ou il y a absence de* roach-back *et le dos est droit, accompagné d'une arrière-main manquant d'angulation ou le* roach-back *se trouve placé au milieu de la colonne vertébrale, entraînant un dos dit « de chameau ».*

Murdoch de Landouar (Prod. : Girard, prop. et photo : F. Vautier)

Penn Men de Kerboulick (Prod. : P. Morfoisse, prop. : C. Faget, photo : R. Hunin)

Queue

Courte, attachée bas sur la croupe, collée sur les fesses, épaisse à la base, nouée ou cassée naturellement et effilée à l'extrémité. Même en action, elle doit rester au-dessous de l'horizontale. La queue relativement longue (ne dépassant pas la pointe du jarret), cassée et effilée est admise, mais elle n'est pas recherchée.
Chez certains chiens la queue est réduite à quelques vertèbres atrophiées, plus ou moins soudées et logées dans une cavité de la croupe. Il s'agit d'une exagération dans le type par atrophie des vertèbres. Néanmoins, celles-ci doivent être présentes.
L'absence totale de queue (ou anourie) est un défaut éliminatoire.

Membres

Membres antérieurs

Aplombs réguliers vus de profil et de devant.

Épaules
Courtes, épaisses, offrant une musculature ferme et apparente.

Bras
Court.

Coude
Strictement collé au corps.

Avant-bras
Courts, bien séparés, rectilignes et musclés.

Carpe et métacarpe
Solides et courts. *Le manque de type présente un déficit d'écartement des membres antérieurs, avec un aspect « terrier » manquant d'os. L'hypertype présente des carpes et métacarpes très épaissis, un aspect bas de l'avant, les os de l'avant-bras étant trop courts.*

Membres postérieurs

Les membres postérieurs sont forts et musclés, un peu plus longs que les membres antérieurs, élevant ainsi l'arrière-main. Les aplombs sont réguliers vus de profil et de derrière.

Cuisse
Musclée, ferme, sans être trop arrondie.

Jarret
Assez descendu, ni trop angulé, ni surtout trop droit.

Tarse et métatarse
Solides et courts. Le Bouledogue doit naître sans ergots.

CHCS IB Hoedic de Landouar (Prod., prop. et photo : Girard)

Twist (Prod. : Roque, prop. et photo : C. Boudy)

CHL. CHIB Naf Naf du Vidam d'Urfe (Prod. : M.-C. Brun, prop. et photo : M. Bendjemia)

PIEDS

Les pieds antérieurs sont ronds, de petite dimension, dits « pieds de chat », bien posés sur le sol, tournés légèrement en dehors. Les doigts sont bien compacts, les ongles courts, gros et bien séparés. Les coussinets sont durs, épais et noirs. Chez les sujets bringés, les ongles doivent être noirs. Chez les sujets de couleur caille ou fauve, la préférence ira aux ongles foncés, sans toutefois pénaliser les ongles clairs. Les pieds postérieurs sont bien compacts.

Tommyville Thomas Traddles (Prod., prop. et photo : M. Bootle)

ALLURES

Allures dégagées, les membres se déplaçant parallèlement au plan médian du corps.

Marijuana de Landouar (Prod., prop. et photo : Girard)

Le bonheur de prendre l'air tous ensemble. Élevage de Landouar

Robe

Poil

Beau poil ras, serré, brillant et doux.

Couleur

Uniformément colorée fauve, bringée ou non, ou à panachure limitée.
Fauve bringée ou non, à panachure moyenne ou envahissante.
Toutes les nuances du fauve sont admises, du rouge au café au lait.
Les chiens entièrement blancs sont classés dans les « fauves bringés à panachure blanche envahissante ».
Lorsqu'un chien présentera une truffe très foncée, des yeux sombres entourés de paupières foncées, certaines dépigmentations de la face pourront être exceptionnellement tolérées chez de très beaux sujets.

Taille et poids

Le poids ne doit pas être inférieur à 8 kg, ni supérieur à 14 kg, pour un Bouledogue en bon état, la taille étant proportionnée au poids.

Défauts

Tout écart par rapport à ce qui précède doit être considéré comme un défaut qui sera pénalisé en fonction de sa gravité :
– nez serré ou pincé et ronfleurs chroniques ;
– lèvres non jointives à l'avant ;
– dépigmentation des lèvres ;
– yeux clairs ;
– fanon ;

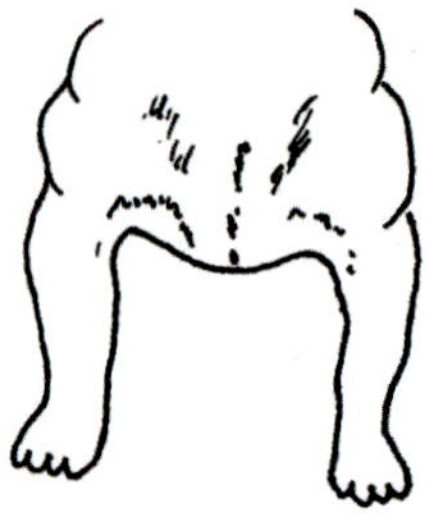

Bonne conformation générale

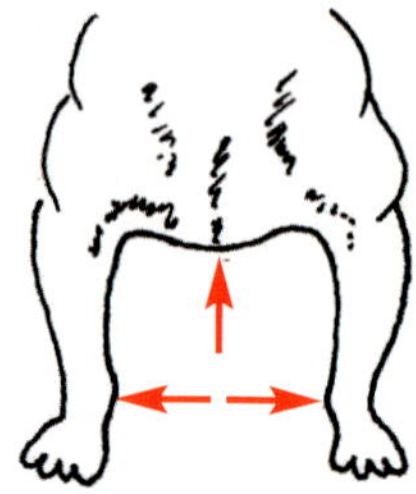

Assez bon ensemble.
Absence de profondeur de poitrine.
Aplombs insuffisants

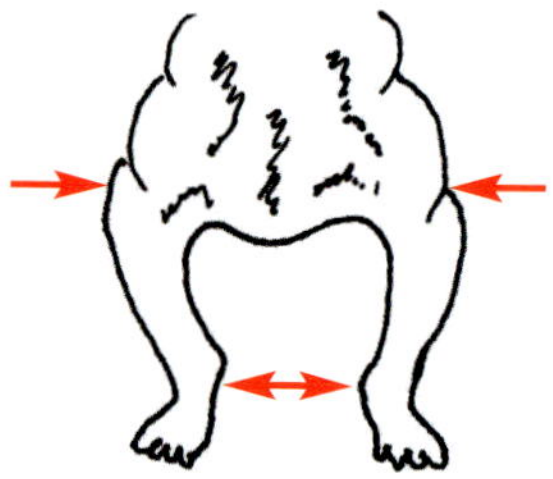

Épaules et pieds en dehors.
Jambes arquées

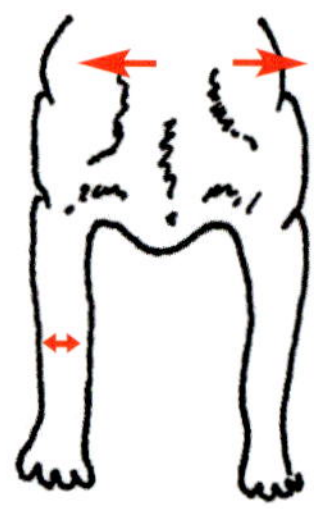

Type « terrier ».
Trop étroit

– queue relevée ou trop longue ou anormalement courte ;
– coudes décollés ;
– jarret droit ou placé vers l'avant ;
– allures incorrectes ;
– poil trop long ;
– robe mouchetée.

Défauts graves

– Incisives visibles, la bouche étant fermée ;
– langue apparente, la bouche étant fermée ;
– chien « battant du tambour » (mouvement raide des antérieurs) ;
– taches de ladre à la face, sauf dans le cas de fauves bringés à panachure blanche moyenne (cailles) et des fauves à panachure limitée ou envahissante (fauves) ;
– poids excessif ou insuffisant.

Défauts éliminatoires

– Truffe de couleur autre que le noir ;
– bec de lièvre ;

Pamela Anderson des Bouldamours (Prod. et prop. : S. Metzener, photo : Drujon)

CHIB. CHL Rose de Kerboulick (Prod. : P. Morfoisse, prop. : V. Doumy, photo : Gauzargues)

– chien dont les incisives inférieures s'articulent en arrière des incisives supérieures ;
– chien dont les canines sont visibles de façon permanente, la bouche étant fermée ;
– yeux hétérochromes ;
– oreilles non portées droites ;
– mutilation des oreilles, de la queue, ou des ergots ;
– chien anoure ;
– ergots aux postérieurs ;
– robe de couleur noir et feu, gris souris, marron.

N.B. Les mâles doivent avoir deux testicules d'apparence normale complètement descendus dans le scrotum.

Médée de Landouar (Prod., prop. et photos : Girard)

Ludo (Prod. : Morfoisse, prop. : Sanchez)

Twist (Prod. : Roque, prop. et photo : C. Boudy)

Royale Canelle de Landouar (Prod. et photo : Girard, prop. : J.-P. et E. Girard)

UNE QUESTION DE GOÛT ET DE COULEURS

Bouledogue de couleur crème - USA

La couleur crème (*cream* en anglais) est très fréquente aux États-Unis. Selon la nouvelle nomenclature (cf : *Les couleurs de robe chez le chien* par la SCC), « par dilution des nuances de fauve se forme une infinité de tons variant d'une couleur crème au blanchâtre. L'ensemble de ces robes est regroupé sous le vocable sable ». Les gènes de dilution n'étaient pas présents à l'origine du Bouledogue. Selon J. Grebe, membre du FBCA, la couleur fauve a toujours été admise aux États-Unis, mais elle était rare jusqu'aux années quarante. Puis le standard a été modifié pour permettre les truffes et les robes plus claires ou peu colorées. C'est vers 1950 que cette couleur est devenue populaire. Actuellement on voit, dans les rings, plus de crèmes et de fauves que de bringés. Il est à remarquer que, dans le standard français actuel, le sable ne figure ni dans les couleurs autorisées ni dans celles interdites. Suite à l'importation récente en Europe de sujets américains et à leur utilisation en reproduction, il est plus que probable que des chiots « cream » fassent leur apparition en Europe dans les années à venir.

CHCS. L. Claudia El Fuerte (Prod. : Ahrens) et Oncle Sam de la Rose des Neiges (Prod. : Toupet, prop. et photo : C. Foube)

NE PAS CONFONDRE

	Bouledogue français	Bulldog anglais	Boston Terrier
Poids	8 à 14 kilos	22,7 kg pour les femelles 27 kg pour les mâles	max. 11,350 kg
Oreilles	Droites, naturelles et arrondies. Jamais coupées	En « rose », petites et repliées vers l'intérieur	Droites naturelles ou coupées. Forme pointue
Dos	*Roach-back*	*Roach-back*	*Horizontal*
Antérieurs	Droits. Formant un carré avec la poitrine	Contour plutôt incurvé. Très écartés	Droits. Peu écartés.
Couleurs	Fauve bringé ou non. Fauve bringé ou non à panachure moyenne ou envahissante	Unicolore ou suie, toutes les nuances de fauve, bringée, blanche, panachée	Bringée, phoque, noire, toujours panachée de blanc avec marques exigées autour du museau, entre les yeux, au poitrail

Lucie en compagnie du Bulldog anglais Tenderfoot Bulls Diamonds are For Ever (à gauche) et du Bouledogue français Ouagati de Landouar (à droite)

Le caractère

La définition la plus répandue du Bouledogue français est celle de Pierre Mac Orlan : « C'est un chien si l'on veut, mais c'est plutôt quelqu'un. »
Elle est si vraie que tous les propriétaires de Bouledogue, sans exception, finissent toujours par se demander un jour s'ils n'ont pas introduit, par mégarde, dans leur foyer, quelque petit génie malicieux, qui comprend tout, anticipe leurs gestes et devine leurs actions avant même qu'ils ne les aient entreprises.
Une autre définition, beaucoup moins connue, plus spirituelle, mais si parfaitement exacte, est celle d'un éleveur britannique, au début du XXe siècle, le colonel de Romilly.
On peut la traduire ainsi : « Les traits de caractère essentiels du Bouledogue français ont un parfum de France semblable au bouquet si caractéristique de ses vins alliant l'exquise qualité des bordeaux, l'éclatante vigueur des bourgognes, la gaieté pétillante du champagne avec, en apogée, l'euphorie causée par une pure "eau-de-vie" de Cognac. »

Une affection débordante

La première qualité du Bouledogue est qu'il est totalement lié à son propriétaire et qu'il s'adapte à toutes les situations, toutes les formes de vie, à partir du moment où il est en sa compagnie. Cet attachement profond crée une interdépendance entre l'homme et le chien. Il est nécessaire que le maître prenne conscience de cette relation exceptionnelle et sache la dominer afin que cet amour ne se transforme pas en tyrannie.
Le Bouledogue a les défauts qu'engendre l'excès de ses qualités : son affection débordante peut se muer en jalousie maladive, en véritable possession. Il n'acceptera plus qu'on le laisse seul un instant, exigeant une attention permanente, rendant son entourage esclave de ses caprices.
Le fait est assez peu fréquent, mais lorsqu'on arrive à cette extrémité, c'est toujours par la faute du propriétaire qui cède à toutes les lubies du chiot, et, à la vue de ses yeux tendres, rit de toutes les bêtises et ne le punit jamais.

Schupa (Prod. : Cottin, prop. et photo : G. Guillemet)

Le petit ange se transforme alors peu à peu en démon diabolique.
C'est donc quand il est petit que vous devez montrer à votre nouveau compagnon qu'il partage votre vie, mais qu'il n'en est pas le patron tout-puissant.
Si vous conservez ce délicat équilibre entre tendresse et autorité, vous aurez le plus merveilleux ami à quatre pattes.
Car le Bouledogue est toujours surprenant, artiste jusqu'au bout des pattes, plein d'humour, obéissant mais jamais servile, et toujours débordant d'amour.

Néron de Landouar, Mascotte de Kerboulick et les enfants de M. Morfoisse (Prod. : Girard et Morfoisse, prop. et photo : Morfoisse)

La force tranquille

Le caractère du Bouledogue a deux facettes : l'une qui provient des Molosses dont il a conservé le calme, la dignité et la conscience de sa force musculaire. Il n'aboie donc pas ou seulement à bon escient. Ce qui est fort apprécié lorsqu'il vit en appartement.
L'autre émane du Terrier dont il a conservé la vivacité et la spontanéité. Il peut donc être tour à tour grand amateur de coussins et de tapis moelleux et athlète vigoureux, débordant de bonne humeur, pour partager les jeux de ballon des enfants. Il ne s'arrêtera qu'exténué, et encore…
Il n'a donc pas de « maîtres contre-indiqués », si ce n'est les gens violents à qui il vouera une haine féroce ou les personnes trop stressées dont il puisera les déprimes à se rendre malade. Sage, paisible et tendre, il accompagnera volontiers un couple de retraités. Gai et dynamique, il sera le compagnon

Iulka de Landouar (Prod., prop. et photo : Girard)

Nugget's Tender de Landouar en bonne compagnie (Prod. : Girard, prop. et photo : M. Kerhino)

Nouchka de Landouar (Prod. : Girard, prop. et photo : Dissard-Tanguy)

Hitchcock du Vendangerot et son Siamois (Prod. et photo : Lesage, prop. : Bonillo)

plein d'humour d'un jeune couple avec ou sans enfants. Dans l'un et l'autre cas, il faut se méfier des excès : les personnes d'âge mûr ne doivent pas en faire un petit chien fragile sans activité et doivent lui accorder des promenades suffisamment longues pour lui permettre d'entretenir sa carrure d'athlète et les plus jeunes devront renoncer au jogging ou aux jeux violents sous peine de le voir souffrir de troubles respiratoires épuisants et destructeurs.

Le Bouledogue est un très bon compagnon pour les enfants. Sa petite taille facilite les rapports et les élans de tendresse. Il se montre volontiers protecteur du bébé de la maison et forme un partenaire de jeu sans danger.

Il aime les chats, pourvu que ce soient « ses » chats et pas ceux du voisinage. On les retrouve volontiers dormant dans le même panier. On lui connaît nombre d'amitiés animales avec des oiseaux ou des petits lapins. Cependant il faut toujours se montrer prudent lors des premiers contacts.

Joie d'Arlequin et Jules du Vendangerot (Prod. et photo : Lesage, prop. : Le Bars et Laurent)

Nugget's Tender de Landouar (Prod. : Girard, prop. et photo : M. Kerhino)

UN CHIEN DOMINANT

Ses rapports avec la gent canine sont plus délicats. C'est ce qu'on appelle un chien dominant, qu'il ne faut pas confondre avec agressif. (L'agressif « saute sur tout ce qui bouge » et attaque au premier contact.) Lors d'une rencontre entre deux chiens, qu'ils soient ou non de même race, l'odorat va d'abord entrer en action, pour permettre aux deux animaux de se connaître ou de se reconnaître. Ensuite, immanquablement, un rapport de forces s'établira entre eux. L'un cherchera à montrer sa force, le dominant, alors que l'autre acceptera d'être au stade inférieur, le dominé.

Royale Canelle de Landouar (Prod. et photo : Girard ; prop. : J.-P. et E. Girard) et son copain Bearded Collie Aldo

Cette dominance peut s'exercer sans aucune violence, même au cours d'un jeu, le « chef » cherchant à dépasser l'autre à la course, à le bloquer dans son élan, parfois mettant sa patte sur le dos du compagnon de jeu pour marquer qu'il lui est supérieur.

Éléonora de Tallulah, chien de berger ? (Prod. : Feuardent, prop. et photo : Girard)

Twist (Prod. : Roque, prop. et photo : C. Boudy) à la rencontre d'un Boxer

Conscient de sa force malgré sa petite taille, le Bouledogue peut se contenter de toiser dédaigneusement un chien inconnu.
Cependant il semble toujours penser : « Fais attention, si tu me cherches, pas de problème, tu me trouves. »
Il n'a aucune peur et la taille de l'adversaire le laisse de marbre, même s'il s'agit d'un Mâtin napolitain particulièrement bien musclé !
Si le chien rencontré se montre indifférent ou plutôt craintif, il n'y a rien à redouter du contact.
Par contre, s'il empiète un brin sur son territoire ou montre quelque hardiesse, le Bouledogue foncera tête baissée dans un match à l'issue douteuse.

Twist (Prod. : Roque, prop. et photo : C. Boudy)

Shouchen de Kerboulick (Prod. : P. Morfoisse, photo : S. Sanches) avec un Mâtin des Pyrénées

Dans un même foyer, il n'est pas impossible de faire cohabiter un Bouledogue avec un chien d'une autre race.
Mais il est toujours préférable que le Bouledogue soit le second arrivé, car il est plus facile de faire adopter un chiot Bouledogue par un autre chien que l'inverse.
La vie commune de deux Bouledogues femelles est généralement sans problème. Il suffit que le maître respecte la hiérarchie qui ne manquera pas de s'établir entre elles.
Par contre, celle de deux mâles est très délicate.
Tout va bien jusqu'à la puberté. Ensuite les marquages de territoire, les revendications à un statut supérieur, enveniment les rapports des deux chiens qui peuvent finir par se haïr férocement.
En général, le Bouledogue étant toujours dominant, il est souhaitable, lorsqu'on veut le faire

LE POINT DE VUE DE M. LEBLOND
(juge international)

Partout où je l'ai rencontré, j'ai toujours été surpris par la parfaite adaptation de notre « Boule » à son environnement.
Dans tous les pays où il m'a été possible d'y côtoyer ses propriétaires, j'ai posé les mêmes questions : « Depuis combien de temps avez-vous un Bouledogue ? Depuis quand en existe-t-il ici ? »
La réponse a toujours été pratiquement la même : « Depuis toujours ! ».
Lors de mes pérégrinations internationales, ma curiosité naturelle me fait souvent visiter de petits musées que je qualifierai de « populaires » dans des coins souvent très reculés.
Dans la presque totalité de ces lieux de rencontres, j'ai eu le plaisir de voir un de nos Boules, parfois représenté de façon assez caricaturale, mais néanmoins très reconnaissable, si bien que c'est maintenant un jeu pour moi, lorsque je visite un nouvel endroit, d'y chercher « le » Bouledogue.
En général, et bizarrement, il n'est jamais sur le devant des vitrines, mais plutôt coincé à l'arrière comme si on voulait le protéger du public.
J'ai souvent essayé, sans succès hélas ! d'acquérir l'une de ces reproductions.
Ceci démontre bien que notre Bouledogue est connu de tous. Mais alors, la question se pose : comment est-il arrivé dans ces contrées multiples et lointaines ?

Le Lévrier afghan CH. Naos de la Chapelle Saint Blaise (Prod. : C. Faget) avec son amie Bouledogue Penn Men de Kerboulick (Prod. : P. Morfoisse, prop. : C. Faget, photo : R. Hunin)

Une explication me vient à l'esprit, dans les nombreuses reproductions anciennes que nous avons de lui, il semble toujours accompagner une « belle dame », un enfant, d'un niveau social évident. Était-il alors un chien d'aristocrates ?
Au risque de gêner notre pudeur, je crois pouvoir dire que l'aristocratie française a longtemps été la coqueluche des cours étrangères. Est-ce alors grâce à nos illustres représentants que notre Bouledogue a essaimé dans le monde entier ? Mais alors pourquoi ne figure-t-il que rarement sur les tableaux de maîtres ? Est-ce parce que, là aussi, ses propriétaires conscients de ses habituelles pitreries ne voulaient pas le mettre en avant, ou est-ce tout simplement parce que les peintres n'arrivaient pas à saisir sa « bouille » si particulière ?
J'ai lâché le mot de pitrerie. Je crois qu'aucun des lecteurs de cet ouvrage qui lui est consacré, ne se vexera de ce mot, ou alors c'est qu'il n'aura pas été en mesure d'apprécier notre petit molosse, toujours tendre à souhait quand il a envie d'obtenir quelque chose de son maître et qui, dès que satisfaction lui a été donnée, s'ingénie à de multiples facéties pour le remercier ou même pour essayer de le dérider s'il le sent un peu tristounet. Croyez-moi, si vous n'avez pas encore effectué votre choix, si vous souhaitez un compagnon qui vous comprenne, qui sache bouger et « vivre » à votre rythme, tout en sachant se faire oublier lorsque nécessité l'exige, alors laissez-vous faire, imprégnez-vous de tout ce qui suit et réservez vite un magnifique « Boule» . Vous n'arriverez plus à vous en séparer.

cohabiter avec un chien de race différente, de choisir un animal qui ne le soit pas. Il n'y a pas de règle impérative : un petit Yorkshire peut se montrer agressif et hargneux et un gros Molosse très placide.
Tout dépend donc de la bonne connaissance des races en général et du caractère de l'individu en particulier.
Compte tenu de ce trait important de caractère, le Bouledogue français, même jeune, tentera d'établir une relation de force avec son entourage humain. Ce n'est pas au chien d'être le chef, mais au maître. Il est donc important de l'éduquer dès son jeune âge en lui faisant comprendre qui commande dans la « meute » que représente une cellule familiale et accepter une place de dominé. On obtient cette attitude non par la force brutale, mais par une attitude ferme, empreinte à la fois de justice, de sévérité et de compréhension. Faute d'une bonne éducation et en raison d'un laxisme permissif, tout chien dominant peut se transformer en chien agressif, qui, non seulement n'obéira pas, mais peut aller jusqu'à mordre pour exprimer son statut de chef. Une telle attitude est toujours la conséquence d'une mauvaise éducation.

Le choix du chiot

Déterminer le lieu d'achat

Compte tenu du caractère très affecteux et sensible du Bouledogue français, il est très important d'être particulièrement vigilant sur l'endroit où l'on effectuera son achat. Un chiot ne sera vraiment épanoui, bien dans sa peau et dans sa tête, parfaitement équilibré, que s'il est élevé dans un cadre de préférence familial, que les différents contacts pour le socialiser auront été respectés et qu'il ne sera pas considéré par le vendeur comme une simple marchandise.
Vous devez trouver auprès de l'éleveur une écoute attentive, des conseils pour élever votre chiot et l'assurance d'un suivi régulier au moins pendant ses premiers mois.
Après un premier contact téléphonique, demandez des photographies des parents et des chiots disponibles et des photocopies des pedigrees.
Ensuite, il ne faut pas hésiter à vous rendre sur place. Un éleveur sérieux sera content de vous accueillir et de vous faire visiter ses locaux. Une réticence à le faire doit vous inquiéter. Vous devez voir les conditions d'élevage, bien observer l'état de santé des chiens, leur caractère qui doit toujours être enjoué, désireux du contact, jamais peureux ou agressif. À moins d'être âgé, un adulte ne doit pas se montrer poussif ou essoufflé, ni avoir une respiration rauque. Le poil doit être brillant et ne pas montrer de dépilations douteuses. Seules les lices qui terminent leur lactation ou des chiens visiblement en mue peuvent présenter un poil sec et tombant. Il se peut que vous ne puissiez voir le père des chiots, qui n'appartient pas toujours à l'éleveur, mais vous devez toujours pouvoir rencontrer la mère.
Il est normal et même raisonnable qu'un éleveur vous demande, par mesure d'hygiène, de tremper vos chaussures dans un pédiluve ou de les ôter et qu'il vous recommande de ne pas toucher aux chiots.
Il est préférable de patienter quelques semaines, voire quelques mois pour acquérir un chiot, vigoureux, élevé dans de bonnes conditions, plutôt que de se précipiter sur le premier venu dans un achat irréfléchi.

Chien de compagnie ou futur champion ?

Selon que vous souhaitez acquérir un chien de compagnie, un chien d'exposition ou un futur reproducteur, vos critères de choix seront quelque peu différents.
Il y aura cependant toujours au moins deux références communes : le bon état de santé général et le caractère équilibré du chiot et de ses géniteurs.
Le chiot de compagnie pourra, sans inconvénient pour son propriétaire, présenter quelques défauts morphologiques. Une robe trop sombre, ou trop marquée, un œil mal pigmenté, une queue un peu gaie n'ont guère d'importance pourvu que votre compagnon soit sain.
Le chiot d'exposition ou destiné plus tard à la reproduction doit être rigoureusement conforme au standard. Il est donc important de bien le connaître avant de porter son choix sur un chiot plutôt qu'un autre. Cela peut vous permettre de déjouer les pièges d'un éleveur peu scrupuleux. Un très bon éleveur, exerçant depuis de longues années, a acquis une expérience qui lui permet de déceler très tôt des défauts qui peuvent passer tout à fait inaperçus aux yeux d'un novice. Son intérêt est de bien vous guider et de vous vendre le chiot qui sera plus tard la vitrine de son élevage. Mais nul n'est infaillible et il ne peut être rendu responsable des changements qui vont intervenir entre le bébé de deux mois et l'adulte. Un éleveur qui « ne vend que des champions » est par définition un vantard et un

Chiots de la Chapelle Saint Blaise (Prod., prop. et photo : C. Faget)

bluffeur. Même avec une sélection rigoureuse des géniteurs depuis des années et même des dizaines d'années, il y a toujours de temps à autre quelque gène inattendu qui réapparaît, quelques défauts qui surgissent, et parfois un « vilain petit canard » détruit tout le travail accompli.

Les critères de choix

Il y a cependant quelques imperfections susceptibles d'être repérées même par un novice :
– un chiot haut, long et mince à deux mois ne deviendra jamais un chien au corps trapu et court ;
– un chiot très noir, prendra des bringeures avec le temps mais ne deviendra jamais un chien tigré comme un chat européen. À l'inverse, un chiot très clair ne foncera pas en vieillissant ;

CH. Maroc Napoléon Empereur des Bouldamours cotation 6 (Prod. et prop. : S. Metzener, photo : Drujon)

– un chiot possédant une petite liste fine en tête peut, par contre, la perdre en grandissant. Mais s'il possède des gants blancs ou des chaussettes blanches et un collier, ces taches ne disparaîtront jamais. Il sera défavorisé en concours, ce qui est bien dommage, même s'il a une conformation parfaite ;
– un chiot caille déjà moucheté à deux mois a bien des chances de le rester ;
– un chiot dont la paupière n'est pas pigmentée peut la voir se cercler de noir au fil des mois mais sans que l'on puisse jamais savoir si cela se fera ou pas, partiellement ou bien en totalité, et dans quel délai. Par contre, certains défauts peuvent apparaître au cours de la croissance :
– une dentition peut être parfaite à deux mois et changer au moment de la mise en place des dents définitives entre quatre et cinq mois ;
– une langue bien positionnée dans les premiers mois, peut pointer à cette période, en profitant de la perte de dents, déformer les nouvelles pendant qu'elles se mettent en place et ensuite rester plus ou moins visible ;
– une robe blanche peut se moucheter progressivement ou brutalement ;
– un chien très court peut présenter une mauvaise démarche, un dos trop droit ou « de chameau » lorsqu'il sera adulte.
En tout état de cause, c'est sur la production des années précédentes que l'on peut juger un éleveur et pas uniquement sur l'étalon champion ou fils de champion, fruit du travail d'un autre éleveur qui sert parfois de publicité tapageuse pour masquer des géniteurs médiocres. Pour avoir une bonne idée du travail accompli, la Société centrale canine et les clubs de race ont mis au point une grille de cotation des géniteurs qui figurent sur les

CHCS Gribiche de Landouar, cotation 6 (Prod. : Wright, prop. et photo : Girard)

pedigrees et qu'il est très utile de connaître. Pour le Bouledogue français, cette grille s'établit comme indiqué à la page 58.
Les cotations 5 et 6 sont très difficiles à obtenir.
Ainsi, au 31 décembre 1999, on recensait, depuis la création de cette grille :
– 0 reproducteur élite B et seulement 6 élite A ;
– 2 lices (CHL.IB Gaïa-Isis de Landouar, CHCS Gribiche de Landouar) ;
– 4 étalons (CHCS.IB Boris de Landouar (décédé), Grolapin de Landouar, CHCS Hibou-Doudou de Bayaly, CHCS Crindle's Tender Tamblyn).
Lorsqu'on choisit un chien comme reproducteur, l'examen attentif du pedigree est extrêmement important.

CHCS IB Boris de Landouar, cotation 6 (Prod., prop. et photo : Girard)

Grolapin de Landouar, élite A, cotation 6 (Prod., prop. et photo : Girard)

1 point	Confirmation simple	À l'âge de douze mois révolus.
2 points	Confirmation 1er choix	1 point + 1 « Excellent » ou 1 « Très bon » en classe ouverte en exposition spéciale de race + réussite aux tests de caractère.
3 points	Excellent	2 points + 1 « Excellent » en classe ouverte en exposition nationale d'élevage uniquement + avis favorable de la commission d'élevage.
4 points	Recommandé	3 points + soit 4 CACS dont au moins 2 en exposition internationale où le CACIB est décerné, soit 2 CACIB ou RCACIB dont 1 au moins en exposition spéciale de race.
5 points	Reproducteurs élite B	Pour les géniteurs classés 3 dont cinq descendants directs issus d'au moins deux partenaires différents présentés dans une même exposition nationale d'élevage auront obtenu le qualificatif « Excellent » en classe ouverte ou champion. La présence du géniteur n'est pas obligatoire.
6 points	Reproducteurs élite A	Pour les géniteurs classés 4 dont cinq descendants directs issus d'au moins deux partenaires différents présentés dans une même exposition nationale d'élevage auront obtenu le qualificatif « Excellent » en classe ouverte ou champion. La présence du géniteur n'est pas obligatoire.

Un reproducteur ne doit pas être issu d'un « melting-pot » hasardeux, mais doit concentrer dans ses antécédents des chiens de haute qualité et, si possible, avec un petit nombre d'ascendants de valeur, commun au patrimoine génétique du père et de la mère.

CHCS Crindle's Tender Tamblyn, cotation 6 (Prod. : Wright, prop. et photo : Girard)

LES DOCUMENTS ADMINISTRATIFS

La vente de chiens ne peut être réalisée qu'à partir de l'âge de huit semaines.
Ne peuvent être dénommés comme chiens appartenant à une race que les chiens inscrits à un livre généalogique reconnu par le ministère de l'Agriculture (LOF pour la France). Lorsque vous achetez un chiot, le vendeur doit vous remettre :
– un carnet de vaccinations, dûment signé par un vétérinaire, avec les vignettes correspondant aux vaccins injectés ;
– un certificat de bonne santé délivré par un vétérinaire ;
– le volet de la carte de tatouage qui doit comporter la même identification que celle tatouée sur l'oreille ou la cuisse du chien, sa signature et la vôtre. Le vendeur enverra à la Société centrale canine la seconde partie du volet, signée également des deux parties. En retour, vous recevrez de cette même société une nouvelle carte à vos nom et adresse avec la même immatriculation que votre chien. Si vous déménagez, n'oubliez pas de signaler votre nouvelle adresse à la Société centrale canine. C'est très important en cas de perte de l'animal pour le retrouver vite dans de bonnes conditions ;
– une attestation de cession, comportant la description de l'animal, son sexe, son numéro de tatouage et éventuellement celui d'inscription au LOF (s'il s'agit d'un chien avec pedigree), son prix, les conditions particulières de vente s'il y en a, la destination du chien (compagnie, exposition ou reproduction), votre adresse, le cachet du vendeur, la signature des deux parties ;
– un document d'informations sur les caractéristiques et les besoins de l'animal, notamment des conseils d'éducation ;
– le certificat d'inscription provisoire au LOF ou le pedigree définitif s'il s'agit d'un chien confirmé. Ce certificat provisoire peut n'être pas encore en possession du vendeur. Dans ce cas, il doit indiquer sur le certificat de vente le numéro d'inscription de la portée au registre de la SCC. Il doit s'engager à vous l'envoyer dès qu'il l'aura reçu.
Pour de plus amples renseignements, consultez la loi 99-5 du 6 janvier 1999.

Comprendre et éduquer son Bouledogue

Lorsqu'on achète un Bouledogue français, on ne prend pas possession d'un « chien » pas plus qu'on n'introduit un « chien » dans son foyer. Si curieux que cela puisse paraître à celui qui ne connaît pas la race, c'est un personnage à forte personnalité qui pénètre chez vous. Par bien des côtés, il a des réactions humaines. Il est donc très important de ne pas faire de fautes d'éducation si on ne veut pas batailler toute sa vie contre un « gamin mal élevé ». Nous avons affaire à un dominant, mais aussi à un hypersensible. Il est très intelligent et comprend tout très vite, mais peut se montrer têtu et rebelle. Il obéira à sa guise ou selon que vous saurez comment le prendre.
Si vous avez acheté votre chiot chez un éleveur sérieux, l'éducation de base a déjà débuté. Il ne s'est pas contenté de le nourrir, l'abreuver et maintenir les lieux en état de propreté, il s'est efforcé de l'habituer à l'homme, aux chiens adultes, aux bruits divers de la vie courante. Vous n'aurez qu'à poursuivre le travail en suivant les directives de l'éleveur.

L'obéissance

Une règle d'or

Nous voudrions mettre l'accent sur les notions de « dominé-dominant ». Tous les animaux sauvages vivant en groupe établissent des relations hiérarchiques qui permettent l'organisation et la survie du groupe. La famille dans laquelle vit votre Bouledogue est considérée comme un groupe, même si celui-ci n'est pas sauvage. Le chien doit y trouver sa place, mais cette place doit toujours être celle d'un dominé.
Cela ne veut pas dire qu'il faut en permanence soumettre ou brimer votre animal.
Cela signifie seulement que le chien doit toujours considérer la famille comme « son maître » et que celle-ci aura le dernier mot (sans injustice).
Ce n'est que ce respect de l'ordre hiérarchique qui vous permettra d'instaurer des relations équilibrées et affectueuses avec votre animal, ce qui est primordial pour une race comme le Bouledogue français qui a du caractère.

Il faut, en tant que maître, que vous soyez persuadé de la nécessité de ces rapports pour éduquer au mieux votre animal. Cette notion de « dominé-dominant » n'a rien à voir avec une autorité malsaine et abusive ni avec un pouvoir tyrannique. On peut aimer et respecter son chien tout en imposant cette relation.
Une éducation de base réussie, une position de dominant acquise par vous en permanence et un respect de certaines règles de comportement vis-à-vis de votre Bouledogue français sont impératives pour obtenir un chien équilibré ne présentant aucun danger.
Cela signifie qu'une éducation ferme est nécessaire durant les premiers mois. En effet, c'est un adorable chien de compagnie s'il est élevé correctement.
Il existe plusieurs types d'éducation : stricte, laxiste et entre les deux un mélange de souplesse et de fermeté.

Commencer l'éducation sans attendre

C'est une règle essentielle à rappeler : les maîtres ont souvent peur d'embêter leur chiot dès les premiers jours laissant à l'animal le loisir de faire ce qu'il veut. Puis décidant que le jour « J » de l'éducation est arrivé, ils changent de comportement.
Le chien est perdu et ne comprend pas cette nouvelle situation. Le Bouledogue comprendra en revanche très vite qu'il peut ne pas obéir.
Combien de fois voit-on un maître parler doucement à son chiot qui refuse de marcher en laisse pour finalement le tirer violemment jusqu'à la maison. Pour être patient, il faut être de bonne humeur ! et toujours de la même humeur !
Comme il est sensible, la manière forte ne lui convient pas du tout. Le résultat sera diamétralement opposé à ce que vous recherchez. Il se braquera et se dressera contre tous les actes d'autorité destinés à le faire plier. En revanche, comme il est tendre et très attaché à ceux qui l'entourent, il sera heureux de faire plaisir en répondant positivement à toutes les sollicitations.
Un « non ! » ferme à voix forte doit accompagner toute attitude répréhensible et cela, dès le jour de l'arrivée du chiot. Tout ce qui est interdit doit l'être dès le début. Lorsque l'on tolère de son chiot qu'il lacère le tapis, « parce qu'il est petit et que cela l'amuse », comment lui faire comprendre plus tard qu'adulte ce n'est pas bien ? Il est donc important de déterminer, en famille, ce qui sera autorisé ou pas et que tous les membres du foyer prennent la même attitude. Si ce n'est pas le cas, votre petit Bouledogue comprendra très vite à qui s'adresser pour obtenir ce que d'autres lui interdisent. Chaque propriétaire a ses exigences et ses tolérances et ce qui convient à l'un peut tout à fait déplaire à l'autre. Il faut donc être extrêmement clair dès le départ.
Un chiot est un bébé, n'exigez pas à deux mois qu'il se conduise d'emblée comme un adulte. Le

Nouchka de Landouar (Prod. : Girare) et Scarlett (Prod., prop. et photo : Dissard-Tanguy)

« non ! » sera répété si le chiot poursuit une activité répréhensible. Si la faute se répète, le mieux est d'obtenir la soumission à la manière de sa mère quand elle souhaitait le mettre au pas : prendre le chiot par la peau du cou, le soulever légèrement en le secouant et en répétant le « non ! » d'une voix ferme. Ceci n'est plus possible quand le chiot a grandi et qu'il a atteint une taille adulte. On peut alors, en cas de faute grave, se munir d'un « outil » qui prolonge la main : la tapette à mouches ! Une claque cinglante sur les fesses surprendra le garnement obstiné. En général, la simple vue de la tapette une autre fois suffira à faire cesser les agissements coupables.
Vous devez être constant dans vos ordres, dans vos réactions et dans votre attitude de dominant.

Utiliser toujours les mêmes termes

Vous devez toujours employer pour le même ordre, le même mot. Si vous avez choisi de dire « assis » ne changez pas en « assieds-toi » ou « mets-toi là ». Le chien pensera qu'il s'agit d'un ordre différent. Le chien retient une sonorité plus que le mot lui-même. Vous pourriez éventuellement lui parler anglais en disant « assis » ou « *sit* » mais les exemples de telles sonorités rapprochées pour le même ordre sont restreints !
Tous les membres de la famille emploieront les mêmes termes.
Il est préférable de prendre (si possible) une voix grave. C'est pour cela que les maîtres se font écouter plus facilement que les maîtresses ! Le chien est plus attentif aux sons graves. Surtout évitez de crier. Un ton sec et autoritaire suffit. La tonalité de votre voix doit donc être votre principal outil et votre main ne doit servir qu'à caresser ou récompenser. Même une réprimande doit être faite dans le calme mais avec fermeté.
Le « contact » avec l'animal obéit à certaines règles. Des gestes de félicitation trop amples

Odyssée de Landouar à quatre mois (Prod. : Girard, prop. et photo : Gosselin)

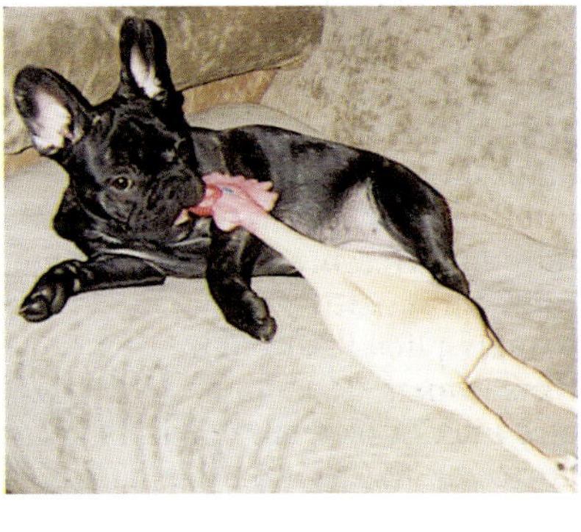

accompagnés de cris de joie peuvent provoquer chez l'animal une peur telle qu'il n'est pas près de recommencer ce qu'il vient de faire, même si vous en étiez très satisfait ! Habituez aussi les enfants à la douceur dans les relations de toucher avec l'animal. Leurs mouvements peuvent entraîner des réactions de peur et d'incompréhension de la part du chiot, qui peut se sentir agressé. Bien sûr chaque membre de la famille a sa gestuelle propre mais la douceur s'impose. (Sauf dans certains cas que nous verrons plus loin où l'apprentissage exige de la fermeté dans les gestes comme pour la marche en laisse.)
Votre Bouledogue est un chiot adorable mais gardez à l'esprit qu'il le restera s'il est éduqué.

Penser « chien »

Beaucoup de personnes sont adeptes du journal plié. Cela présente quelques inconvénients : le chien pourra prendre toute personne avec un magazine pour un ennemi potentiel qui lui reproche une faute qu'il n'a pas commise ! Certains chiens n'auront pas un comportement normal face à un juge d'exposition qui se promène dans le ring avec ses notes à la main. Le Bouledogue est intelligent, mais pas au point de faire la différence entre un journal roulé qui punit et une liasse de papiers pliés ! Par contre, l'instrument de la punition doit être impérativement mis hors de portée et ne servir qu'à cela. En aucun cas, ce ne doit être un jouet. Ne raisonnez pas en « homme » mais en « chien ». Comprenez ainsi qu'un jeune chien qu'on laisse jouer avec une vieille chaussure usagée ne fera aucune différence avec vos chaussures de soirée vernies ! Même logique pour la natte d'évier usagée et le précieux tapis persan du salon. Plutôt que de réprimer sans cesse, détournez l'attention du chiot vers le jouet autorisé.
S'il attaque les barreaux de chaise, proposez-lui son os en plastique.

Tess de la source Saint Simon (Prod., prop. et photo : E. Azzolin)

Le Lévrier afghan CH. Naos de la Chapelle Saint Blaise (Prod. : C. Faget) avec son amie Bouledogue Penn Men de Kerboulick (Prod. : P. Morfoisse, prop. : C. Faget, photo : R. Hunin)

La marche en laisse

Elle s'apprend le plus tôt possible. Rappelons que la divagation des chiens est strictement interdite et qu'elle peut être cause d'accidents graves.
Pendant quelques jours, habituez d'abord le chiot à porter un petit collier. Pour sa première sortie en laisse, choisissez un endroit réservé aux piétons, pas ou peu fréquenté si possible. Munissez-vous d'une longue corde ou, mieux encore, d'une laisse avec enrouleur incorporé. Attachez votre chiot. Puis marchez lentement sans vous préoccuper de lui. Quand vous aurez atteint le bout de la laisse, il y a fort à parier qu'il n'aura pas bougé. Accroupissez-vous et appelez-le par son nom. Soyez calme et patient.
Il reviendra vers vous en progressant par paliers. Éventuellement, exercez une petite traction. Quand il sera à vos côtés, complimentez-le et

Tico Tico de la Chapelle Saint-Blaise (Prod., prop. et photo : Faget)

encouragez-le par des caresses. Renouvelez l'expérience plusieurs fois. Ne prolongez pas trop la première séance d'apprentissage. Recommencez plutôt plusieurs jours de suite. Certains chiots apprennent à marcher en laisse dès la première sortie. D'autres, qui n'ont jamais eu auparavant de contact avec l'extérieur sont plus effarouchés. Montrez-vous ferme, mais patient. Quand le chiot aura bien assimilé que le collier et la laisse sont synonymes de promenade, il acceptera avec plaisir leur contrainte..

Passez alors à la laisse « de ville ». Ne laissez pas le chiot prendre de l'avance sur vous. Maintenez la laisse courte et le chien juste à l'aplomb de votre jambe. Marchez raisonnablement, ni trop vite ni trop lentement. Parlez-lui. S'il tire sur la laisse pour tenter de prendre de l'avance, exercez un mouvement bref de traction vers le haut. Il existe des harnais d'apprentissage très pratiques. Ils sont en matière synthétique et n'abîment pas le poil. La laisse est reliée à deux courroies qui passent dans deux anneaux situés à l'arrière du collier qui

CHIB. CHL Rose de Kerboulick (Prod. : P. Morfoisse, prop. : V. Doumy, photo : Gauzargues)

De gauche à droite : champion de Norvège Adulateur, champion de Norvège Barnerjee Boniface Bullmans, Elle Melle (Prop. : B. Solbakken, photo : Solbakken)

Victoria Duchesse de la Landerie et Véronique la Bulldog (Prod. : M.-C. Dauvois)

enserre le cou, puis sous les aisselles. Elles reviennent s'attacher sur deux autres anneaux fixés à l'avant du collier sous le cou. Toute traction de l'animal n'exerce pas de pression sur le collier qui garnit le cou, mais sur les courroies qui compriment les muscles du poitrail et des épaules et serrent les aisselles. Ce type de harnais est à conseiller pour tous les Bouledogues, plus particulièrement encore pour ceux qui ont une fâcheuse tendance à jouer les chiens de trait. Les gros colliers larges et cloutés, souvent conçus pour de grosses races, mais que la taille du Bouledogue supporte, sont amusants pour le « look », mais souvent pénibles pour des chiens qui ont une respiration difficile. Il est préférable de choisir un collier assez large, mais souple, en peau d'agneau.

AU SUJET DU COLLIER EN POILS DE BLAIREAU

Quant au collier garni de poils de blaireau, qui accompagne le Bouledogue depuis sa création, il est rare, très cher, et les poils qui l'ornent chatouillent les oreilles. S'il fait l'orgueil des propriétaires, il est généralement peu apprécié des « mannequins » qui le portent ! L'origine de ce collier très particulier n'est pas connue précisément. Une seule hypothèse paraît plausible. J'ai relevé dans une revue du début du siècle, La Vie à la campagne, que l'on plaçait dans les écuries des peaux de blaireau dont l'odeur avait pour but de chasser les parasites (Poux et puces). Il ne serait donc pas impossible qu'on en ait garni le collier des Bouledogues afin qu'ils soient protégés de la vermine qui prospérait dans les litières.
Rappelons-le, ils étaient à l'époque des chiens d'écurie par excellence.

Le rappel

Il est indispensable si vous souhaitez profiter pleinement de votre petit compagnon. Les deux règles à respecter les plus importantes sont les suivantes :

– ne jamais courir après son chien ;
– être patient.

Pour l'apprentissage, laissez le chiot s'éloigner un peu, puis dissimulez-vous. Rapidement, il se sentira seul et commencera à vous chercher des yeux. Appelez-le par son nom. Votre voix va lui donner l'occasion de vous situer, appelez-le de nouveau en vous montrant. Accroupissez-vous pour vous mettre à son niveau. Tendez les mains vers lui. Lorsqu'il vous aura rejoint, flattez-le sous le cou. Évitez de caresser le dessus de la tête (geste de domination). Éventuellement, récompensez-le d'une friandise. Répétez l'exercice, mais ne l'abrutissez pas en le renouvelant trop longtemps. Mieux vaut quelques séances très courtes plusieurs jours de suite que de longues heures d'obéissance.

Lorsqu'il aura bien assimilé son nom et le rappel, il reviendra de lui-même facilement.

Par contre, si vous commencez à courir derrière lui en le nommant, il trouvera le jeu extrêmement drôle et, comme il courra certainement plus vite que vous, vous n'êtes pas près de le rattraper. Parions qu'il trouvera l'exercice qu'il vous fait faire particulièrement bien exécuté et qu'il le recommencera souvent !

La propreté

Les bonnes habitudes s'apprennent jeune, mais soyez patient, la maîtrise totale des sphincters ne s'acquiert généralement pas avant l'âge de six mois.

Des signes précurseurs

Un chiot qui veut se soulager a des attitudes qui ne trompent pas un maître averti : il s'agite, tourne en rond, flaire le sol, avant de s'accroupir définitivement. Il est préférable d'intervenir pendant cette phase en prenant le chiot dans ses bras pour le placer à l'endroit où l'on souhaite le voir faire ses besoins. La patience est nécessaire. Interrompu dans son action, il se peut qu'il oublie ce qu'il était en train de faire pour reprendre une activité normale. Mais le besoin s'en faisant sentir, il ne manquera pas de recommencer son manège.

La marche à suivre

Sortez le chiot immédiatement après ses repas. Posez-le dans le coin qui lui est destiné, pelouse dans le jardin ou caniveau en ville. Ne jouez pas avec lui tant qu'il n'aura pas fait ses besoins. Sinon il assimilera sortie = jeu, ne fera rien de ce que vous attendez et rentrera à la maison pour uriner ou déféquer. Dès qu'il se sera soulagé, montrez votre satisfaction par des compliments et des caresses. Poursuivez votre promenade ou commencez à jouer avec lui. Un chiot de deux mois urine souvent. Une sortie toutes les heures et demie ou deux heures évite bien des problèmes de jour.

Tant qu'il ne maîtrise pas sa vessie et si vous n'êtes pas disponible pour le sortir souvent, laissez-lui, dans la

pièce qu'il occupe, quelques journaux, toujours au même endroit. Vous ôterez les feuilles humides du dessus et placerez les dernières sur les nouvelles, maintenant ainsi l'odeur des lieux.
Ce procédé peut être utilisé avec succès pour la propreté de nuit. Beaucoup d'éleveurs procèdent ainsi pendant les premières semaines de sevrage. Il vous suffira de continuer. Il faut placer les journaux dans la pièce où il dort, mais loin de son panier. Le chien est normalement propre de nature et, s'il en a la possibilité, il choisira toujours de faire ses besoins loin de son lieu de repos.
Cette attitude naturelle ne peut s'exercer chez le chien élevé en cage ou en chenil, qui, malheureusement, n'a pas le choix et doit uriner et déféquer dans la petite surface qui lui est attribuée, confondant ainsi les aires de repos et d'aisance. C'est pourquoi il sera beaucoup plus difficile à rendre propre, car il ne comprend pas ce qu'on exige de lui.

En ville

On aura aussi un peu plus de mal pour apprendre la propreté en ville à un chiot libre, habitué à faire ses besoins sur l'herbe d'un jardin auquel il avait accès quand il le souhaitait.
Le chiot ne doit pas être sans cesse réprimandé s'il « s'oublie ». La punition ne doit être exercée que si le fautif est pris sur le fait. Elle consistera à prendre le chiot par la peau du cou et à le secouer en accompagnant l'action d'un « non ! » ferme. Amenez ensuite le chiot jusqu'au lieu d'aisance. La méthode qui consiste à mettre le nez du chiot dans ses besoins est totalement absurde.
Ce qui dégoûte l'homme n'est pas une punition pour le chien, qui flaire l'anus de ses congénères pour faire connaissance et renifle les déjections pour connaître le propriétaire !
Ne réparez pas les dégâts devant votre chiot : il pourrait interpréter votre geste comme une marque personnelle d'attention. Il est préférable d'éloigner le chiot dans une autre pièce et de nettoyer hors de sa vue. Si vous souhaitez que cesse l'animosité à l'égard des chiens des habitants des villes, soyez respectueux de leur environnement. Il est facile d'observer son chien et de le tirer vers le caniveau dès qu'on le voit s'accroupir. Il en prendra très vite l'habitude et le fera ensuite de lui-même. Et si, malgré vos précautions, le chien défèque sur le trottoir, ramassez ses besoins avec un mouchoir en papier ou un sac plastique retourné sur votre main, et glissez le tout dans le caniveau ou une poubelle. Il n'y a pas de honte à avoir un peu de savoir-vivre et à respecter la propreté.

Le respect des autres chiens

Le Bouledogue est dominant, donc naturellement enclin à défendre son territoire et ses « biens ». Mais il ne doit pas être agressif. Si l'autre chien rencontré respecte cette dominance, n'attaque pas et passe tranquillement son chemin, votre

Bouledogue doit rester serein et se montrer indifférent.
Le comportement de votre chien dépendra de votre propre attitude. Si votre chiot tire comme un forcené sur sa laisse, aboie en hérissant les poils pour insulter un congénère et que ses mimiques vous amusent, il n'a aucune raison de ne pas se croire le plus fort. Jusqu'au jour où il tombera sur un chien de moins bonne composition et où l'agression se terminera en empoignade féroce.
La crainte des maladies, des contacts, ne doit pas vous inciter à maintenir le chiot en vase clos. Il doit apprendre à vivre en communauté, rencontrer d'autres animaux et des humains. N'hésitez pas à l'emmener chez des amis. Le moyen le plus rapide et le plus simple de lui faire prendre conscience de l'environnement est de le promener dans un marché. Il devra s'habituer aux bruits, à la circulation, aux hommes, aux animaux et aux multiples odeurs. Pour un premier contact, vous pouvez prendre le chiot dans vos bras, afin qu'il se sente rassuré et ne se sente pas abandonné au milieu d'un monde étrange et inconnu. La deuxième fois, il s'y promènera en laisse, comme un « grand ».
Si votre chien veut en flairer un autre, laissez-le faire. Son comportement est normal. Il est très rare qu'un chien adulte fasse du mal à un bébé. Il ne risque donc rien. Si le Bouledogue veut aboyer ou grogner, réprimandez-le fermement en n'hésitant pas à le secouer par la peau du cou. S'il tombe sur un congénère mal luné, comme il est encore petit et peu assuré, il comprendra qu'il n'y a pas que lui sur terre et qu'il faut se montrer prudent.

L'APPRENTISSAGE DE LA SOLITUDE

Elle doit débuter dès le début. Inutile de s'attendrir sur la pauvre petite bête qui va rester toute seule. Le chien n'a pas la notion du temps. Il vous fera d'ailleurs la même fête à votre retour, que vous soyez parti dix minutes ou une demi-journée. Dès son arrivée dans votre foyer, le chiot doit comprendre qu'il est normal que vous ne soyez pas sans cesse en sa compagnie et que votre absence est un acte banal.
Ne jamais faire un bisou ou un câlin supplémentaire avant de quitter la maison ou l'appartement. Par contre, la présence de la radio est une bonne chose car elle rend les lieux « habités ». Les premières fois, habillez-vous pour sortir, quittez la maison une dizaine de minutes. Éventuellement, restez derrière la porte pour écouter ce qui se produit. Puis rentrez chez vous, sans manifestation d'accueil particulière, même si le chiot vous fait fête. Déshabillez-vous et reprenez vos activités, comme si vous n'étiez jamais parti. Très rapidement le chiot assimilera ces « disparitions » à des événements normaux auxquels il ne convient pas d'attacher une importance particulière.
Par contre, si votre chien ne vous quitte jamais, il risque de ne plus accepter la solitude le jour où vous devrez le laisser seul. Il compensera votre absence par des destructions ou des aboiements interminables.

LES PROMENADES EN VOITURE

Habituez tôt votre chiot à circuler en voiture. S'il est malade, faites de courts trajets journaliers, un simple tour de pâté de maisons, par exemple, pour l'habituer au véhicule, afin qu'il n'assimile pas systématiquement automobile = vomissements et n'angoisse pas dès qu'il est placé à l'intérieur. Placez-le toujours à l'arrière du véhicule. S'il est placé à l'avant, un choc frontal risque de le transformer en projectile.
Le Bouledogue est souvent très énervé dès que se présente une promenade. La plupart du temps il s'agite, bouge beaucoup dans le véhicule, halète même si la voiture est climatisée ou que le temps est frais. Ce comportement inquiète le propriétaire. Au bout d'un quart d'heure ou d'une demi-heure, le chien se calme enfin. Mais, en général, le même phénomène se reproduit après chaque arrêt.
On remarque que, si le chiot, puis le chien, lorsqu'il a grandi, est placé dans une cage totalement grillagée, donc totalement aérée (et non une cage dite « de transport » en plastique, avec uniquement la porte grillagée), il se sent sécurisé et n'est plus aussi stressé.
L'espace étant restreint à la dimension de son corps, il ne peut courir en tout sens. Il a néanmoins la vue de « sa famille ». Il s'endort souvent rapidement sur son coussin.

NE PAS MENDIER

Rien n'est plus désagréable que d'être importuné à table par un chien qui gratte les cuisses pour obtenir quelques reliefs de repas. Si son maître l'accepte, cette attitude peut être gênante pour des invités qui ne partagent pas le même point de vue. Avoir un chien bien élevé qui ne réclame pas à table n'est pas difficile à obtenir pourvu qu'on se tienne à une règle ferme et définitive : **aucune nourriture ne sera dispensée à table par qui que ce soit**.
Si l'on souhaite faire plaisir à son chien, rien n'interdit, une fois la table débarrassée, de lui distribuer une friandise ou un petit morceau de fruit ou de fromage que l'on a mis de côté.
(Attention à l'accumulation de « petits bouts » qui finissent par faire un repas. Une part de camembert équivaut pour un chien de 10 kg à un demi-camembert pour un homme de 70 kg !)

L'ALIMENTATION

Une bonne alimentation est indispensable pour obtenir un chien en bonne santé. Les troubles digestifs engendrent d'innombrables problèmes : diarrhée ou constipation, surcharge pondérale, troubles hépato-biliaires, rénaux ou pancréatiques, osseux (lorsque la croissance est difficile), dermiques (eczéma, démangeaisons diverses) et, enfin, troubles caractériels de l'animal qui souffre.

L'APPAREIL DIGESTIF

Le tube digestif se divise en trois parties :
– l'estomac ;
– l'intestin grêle ;
– le gros intestin.

L'estomac

L'estomac du chien a un volume très important, presque les deux tiers du tube digestif. Il est proportionnellement beaucoup plus gros que celui de l'homme. C'est pourquoi la plupart des chiens peuvent, sans éprouver de malaises digestifs, faire un seul repas volumineux par jour.
Les sucs digestifs, que secrète l'estomac, contiennent des acides nombreux et abondants qui détruisent rapidement et facilement les bactéries qui pourraient se trouver dans la nourriture.
Le canidé sauvage, lorsqu'il a tué une proie ou trouvé une dépouille, mange autant qu'il lui est possible, ne sachant pas de quoi sera fait le repas du lendemain ou même s'il trouvera de la nourriture. Il doit également se contenter parfois de cadavres plus ou moins frais.
L'estomac est donc conçu pour ces éventualités. Ce qui ne veut pas dire que l'on peut prendre son chien pour une poubelle !
Les aliments contenus dans l'estomac y séjournent longtemps, souvent une huitaine d'heures et parfois plus.

L'intestin grêle

Son volume fait à peine le quart du volume total du tube digestif. Les aliments en provenance de l'estomac, déjà attaqués par les sucs gastriques, sont digérés en une heure environ. Pendant cette période, les différents sucs digestifs provenant du pancréas, de la vésicule biliaire et de l'intestin transforment les particules alimentaires en molécules assimilables par l'organisme.

Le gros intestin

Il est court et peu volumineux (15 % de la capacité totale du tube digestif). Tous les déchets qui seront éliminés à l'extérieur par l'anus sont stockés dans cette partie. Si les aliments ont été mal ou insuffisamment digérés, parce qu'ils sont de mauvaise qualité ou inadaptés, il se produira des fermentations responsables de flatulences malodorantes, de douleurs abdominales et de fèces trop liquides ou trop dures suivant le cas.

La composition des aliments

Les protides (ou protéines)

Ils forment l'essentiel de la nourriture de base. Les viandes de bonne qualité sont bien adaptées et bien digérées. Par contre, les protéines issues des tissus fibreux, des tendons et des nerfs de la viande ne fournissent aucun élément nutritif. Dans cette catégorie, on range également les poissons, les œufs, les produits laitiers et certaines protéines végétales comme le soja.
Le lait n'est généralement pas bien digéré par le chien adulte qui ne possède plus les enzymes digestifs que détenait le chiot.

Les lipides (ou graisses)

Ils sont très bien tolérés par le chien. Ils lui sont même indispensables et sont un apport énergétique très important. Les graisses végétales, issues du tournesol ou du maïs, sont excellentes.
Elles apportent aux jeunes chiens, aux lices allaitantes et aux chiens très actifs les calories indispensables.

Les glucides (ou sucres)

Les sucres (saccharose) sont bien tolérés mais peu recommandés. Ils peuvent, en effet, provoquer du diabète.
L'amidon est contenu dans les féculents, les pâtes, le riz, les pommes de terre. Il se transforme en sucre au cours de la digestion. Mais il est difficilement digéré par le chien. Pour être assimilé facilement, le riz doit toujours être lavé soigneusement et cuit fortement. Les pommes de terre, très cuites également, ne seront données que réduites en purée. On ne doit donc pas en abuser. Beaucoup de rations ménagères, très copieuses en riz, peuvent être la cause de troubles digestifs, inexplicables pour le propriétaire qui croit, de bonne foi, présenter un repas de bonne qualité.

Les vitamines

Elles sont indispensables. Leur absence, comme leur excès, peut provoquer des maladies sérieuses.

LES VITAMINES

Voici les plus connues.

• **La vitamine A**
Source : foie des animaux, jaunes d'œufs.
Carence : manque d'appétit, problèmes de peau (peau sèche), problèmes oculaires (kératites, conjonctivites).

• **La vitamine B_1**
Source : levure, germe de blé.
Carence : amaigrissement, manque d'appétit.

• **La vitamine B_5**
Source : levure, foie.
Carence : alopécie, avortement, difficultés de croissance, anémie.

• **La vitamine B_6**
Source : levure, germe de blé.
Carence : troubles neurologiques et cutanés.

• **La vitamine B_{12}**
Source : foie.
Carence : troubles de la croissance, anémie.

• **La vitamine C**
Source : légumes, fruits, persil.
Carence : rare. La vitamine C est un facteur de protection contre les infections et un facteur de bonne croissance osseuse.

• **La vitamine D**
Source : huile de foie de poissons.
Carence : rachitisme.
Excès : problèmes osseux (hypertrophie) avec douleurs et boiteries. Calcification des vaisseaux et de certains organes (reins, cœur, poumons).

• **La vitamine E**
Source : germe de blé.
Carence : troubles de la fécondation, mise bas de chiots chétifs. Dégénérescence musculaire.

• **La vitamine K**
Source : légumes verts.
Carence : troubles de la coagulation.

• **La vitamine PP**
Source : viandes et levure.
Carence : troubles cutanés (dermatoses), des muqueuses (stomatites) et diarrhées.

Les minéraux

Ils sont indispensables à l'organisme, pour sa construction et sa régulation, pour la bonne assimilation de la nourriture et sa transformation. Calcium, phosphore, magnésium, potassium et soufre sont des macro-éléments indispensables. Fer, cuivre, zinc, iode, manganèse sont des oligo-éléments dont l'organisme a de faibles besoins en quantité, mais dont il ne peut néanmoins se passer.

L'ALIMENTATION DU CHIEN ADULTE EN ACTIVITÉ NORMALE

La quantité et la qualité de la nourriture du chien varient en fonction de l'âge et de l'état physiologique.
L'éleveur, comme le simple particulier, va devoir choisir entre deux types d'alimentation :
– la nourriture industrielle ;
– la ration ménagère.

La nourriture industrielle

Elle se présente sous trois formes :
– la forme humide, composée de boîtes de pâtée toute prête ou à mélanger avec des céréales ou des légumes ;
– la forme sèche à base de flocons de diverses céréales et granulés de viande que l'on réhydrate en faisant gonfler les éléments dans de l'eau ou du bouillon ;

LES IDÉES REÇUES ONT LA VIE DURE

Les tabous, concernant la nourriture industrielle, ont encore la vie dure. Or ces produits sont maintenant d'excellente qualité. La concurrence sévère qui règne entre les marques les oblige à redoubler d'efforts pour diversifier les aliments et leur apporter sans cesse des améliorations. Certains craignent encore que cette nourriture soit inadaptée, voire nuisible. Quelques propriétaires ont un sentiment de culpabilité, avoué ou non, quand ils ne mitonnent pas des petits plats à leur compagnon. Ils ont l'impression de ne pas lui consacrer assez de temps, de le négliger, de ne pas lui donner le meilleur.
Ce sentiment, au demeurant fort respectable, est souvent plus nuisible qu'utile. Seule la nourriture industrielle apporte la régularité de la composition des rations, la préparation la mieux adaptée et la correspondance exacte aux besoins de l'animal. En général, le Bouledogue français semble préférer un repas unique, bien consistant, à deux repas.
Mais cela varie avec les individus et le rythme imposé par le propriétaire. L'essentiel est que le chien mange avec appétit sa ration journalière et qu'il se porte bien.

	Aliment d'entretien	Aliment chiot	Aliment junior
Protides	25 % à 26 %	30 % à 32 %	25 % à 28 %
Lipides	10 % à 16 %	18 % à 21 %	15 % à 18 %

À deux mois, quatre repas journaliers sont nécessaires.
À trois mois, trois repas suffisent.
Entre trois et cinq mois, le chiot se met lui-même à deux repas en boudant l'un des trois. Lui donner alors un repas matin et soir.

– la forme sèche constituée de croquettes dures, distribuées telles quelles.
Les Bouledogues, avec leur museau plat, ont des difficultés à manger des aliments pâteux. La soupe de flocons humidifiée ne les emballe pas. La pâtée est mieux acceptée, mais elle n'est pas toujours très bien digérée par certains individus qui souffrent de diarrhée ou de flatulences.
Ils semblent nettement préférer les croquettes. C'est un aliment propre, qui ne fermente pas et qui offre aux chiens le plaisir de croquer. C'est un bon moyen de maintenir les dents et les gencives en bon état en évitant le tartre. Un apport d'eau fraîche à volonté est indispensable pour compenser l'absence d'humidité du produit. Un bon produit ne doit pas assoiffer le chien anormalement en l'obligeant à boire de grosses quantités de liquide.
Il existe deux types d'aliments industriels :
– l'aliment complet : il couvre tous les besoins de l'animal et doit être distribué tel quel sans aucun apport. C'est le cas des croquettes et de certaines boîtes ;
– l'aliment complémentaire : il n'apporte qu'une partie des besoins de l'animal et doit être associé à un autre aliment.
C'est le cas des céréales en flocons ou des boîtes « tout viande ».
Les flocons de céréales doivent alors être complétés soit avec de la viande, soit avec une pâtée toute prête composée uniquement de viande.
La quantité à distribuer, généralement bien indiquée sur le paquet ou la boîte, est calculée en fonction du poids de l'animal.

Chiots de la Chapelle Saint Blaise (Prod., prop. et photo : C. Faget)

Il est bon de savoir que la législation exige du fabricant qu'il indique le taux de protéines brutes ou protides. Par contre, il n'est pas fait mention du taux de protides assimilables. L'aliment peut être fabriqué avec toutes sortes de protéines, des plus nobles, issues de bonnes viandes, à celles de dernière catégorie, composées de déchets de viandes, de farine de plumes ou de cornes.
Sur des paquets de marques différentes, la quantité à distribuer varie, bien que le taux de protides soit similaire. Si l'aliment est de moins bonne qualité et moins nutritif, dans les produits bas de gamme, donc moins onéreux, la quantité à distribuer sera plus importante. L'économie n'est alors qu'illusoire et le chien pourra éventuellement souffrir de troubles digestifs.
La quantité journalière de croquettes à distribuer pour un chien adulte en bonne santé varie de 160 à 200 g suivant les marques utilisées.

La ration ménagère

Elle doit obligatoirement fournir 17 à 18 g de viande par kilo de poids du chien.
Malheureusement, la qualité de la viande est très variable selon les morceaux utilisés. La proportion de graisse n'est pas stable, même en demandant au boucher un même morceau. Le chien ayant absolument besoin de matières grasses, il n'est pas souhaitable d'acheter de la viande très maigre. Si on utilise une viande maigre, il faut augmenter la ration de céréales. Avec une viande grasse, c'est l'inverse. La joue de bœuf, le cœur de bœuf, le bourguignon peuvent être classés dans les viandes maigres.
La viande « pour chien » ou « pour animaux » fait partie des viandes grasses et elle comporte des tendons ou des nerfs qui ne sont pas assimilables.
Plusieurs types d'alimentation seront distribués en fonction de l'âge ou de la santé du chien.

Le chien en croissance

Pour nourrir le chiot, il faut tenir compte de la contenance de son estomac (sensiblement égale au volume du crâne) et du

EXEMPLES DE RATION MÉNAGÈRE

Voici deux exemples de ration ménagère pour un chien de 10 à 12 kg adulte et sans activité particulière.

• **Ration A :**
– 180 g de viande maigre ;
– 90 g de riz à cuire ou 250 grammes de riz très cuit ;
– 25 g de légumes verts (haricots verts, carottes, poireaux) ;
– 1 cuillère à dessert de levure sèche ;
– 1 cuillère à dessert d'huile de tournesol ;
– 1 cuillère à dessert de composé minéral.

• **Ration B :**
– 180 g de viande grasse ;
– 35 g de riz à cuire ou 100 grammes de riz très cuit ;
– 100 g de légumes verts ;
– 1 cuillère à dessert de levure sèche ;
– 1 cuillère à dessert d'huile de tournesol ;
– 1 cuillère à dessert de composé minéral.

Le mou est très peu nutritif.
Le foie est riche et appétissant mais ne doit être distribué qu'une fois par semaine. Son abus peut provoquer des troubles digestifs et une hypervitaminose A.
Les couennes, les déchets gras ne sont pas recommandés.
Le poisson est excellent mais il doit être convenablement débarrassé de ses arêtes.
Les œufs doivent être donnés cuits. Seul le jaune d'œuf cru peut être ajouté à une ration. Deux œufs sont équivalents à 150 g de viande.

SAVOIR CHOISIR

Pour choisir un produit alimentaire, on doit tenir compte :
– de l'appétence : elle doit être bonne. Si votre chien n'aime pas un produit, n'hésitez pas à changer, jusqu'à ce que vous trouviez celui qui lui convient ;
– des selles, qui doivent être régulières et moulées ;
– du poil, qui doit être luisant.

gonflement des croquettes sèches au contact de la boisson qui peuvent tripler de volume.
Un très bon aliment sec, très nutritif et digestible, est distribué en quantité très limitée.
L'estomac n'est donc pas surchargé et la digestion est aisée.
Un Bouledogue français (12 kg à l'âge adulte) atteint 40 % de son poids à moins de trois mois, 50 % à cinq mois, 80 % à neuf mois et 100 % à un an.
Toute erreur d'alimentation a donc un effet grave sur le devenir du chien. Il ne faut surtout pas distribuer au chiot en croissance le même aliment qu'au chien adulte en augmentant la quantité.
Il faut donner des aliments industriels préparés spécialement pour le chiot, dont les pourcentages de protides et de lipides sont accrus et dont les compléments minéraux sont également plus fortement dosés pour améliorer la constitution du squelette.
La composition des aliments varie en fonction des fabricants.
La quantité à distribuer également. Plus l'aliment est riche et de bonne qualité, plus la quantité de nourriture à donner est faible.

La femelle en gestation/lactation

La femelle en gestation n'a besoin d'aucun supplément au cours du premier mois et reçoit donc son repas habituel. Au cours du deuxième mois, elle devra « fabriquer » les petits fœtus.
La quantité distribuée variera en fonction du nombre des fœtus supposés.
L'estomac, comprimé par le volume qu'occupent les fœtus, et un appétit souvent capricieux, ne permettent pas d'augmenter la masse d'aliments.
Il est préférable de choisir un aliment riche d'excellente composition, soit un aliment spécial pour chienne gestante/allaitante, soit un aliment pour chiot ou pour chien en activité intense.

Le chien âgé

Vers huit ans, les premiers signes de vieillissement apparaissent : blanchiment du poil, quelques difficultés articulaires, activité plus réduite. Une fonte musculaire progressive accompagne la diminution de l'exercice physique. Parfois, des problèmes dentaires rendent la mastication douloureuse. Certains organes, comme les reins, le foie ou le pancréas, ne fonctionnent plus très bien. La digestion des aliments et l'élimination des déchets sont alors plus difficiles. Les besoins quantitatifs sont moindres que ceux de l'adulte en pleine force de l'âge.

Compte tenu de ces différents paramètres, il devient nécessaire, d'une part de diminuer la quantité de nourriture, d'autre part de modifier sa composition pour la rendre plus assimilable et digeste, et de l'enrichir en vitamines.

Le taux de protides sera maintenu aux environs de 18 à 20 %.

C'est d'ailleurs ce que l'on trouve dans les aliments industriels secs ou humides dans les gammes « senior ». En alimentation ménagère, il est souhaitable de remplacer la viande rouge par de la viande de volaille (dinde, par exemple), d'augmenter la proportion de produits laitiers de type yaourts et celle des fibres végétales (haricots verts).

L'utilisation de levures et de produits laitiers favorisera l'assimilation des éléments minéraux, phosphore et calcium.

Il faut également diminuer la quantité distribuée.

Le chien obèse

L'obésité est fréquente, en particulier en ville, où le chien manque d'exercice, dort une bonne partie de la journée, bien au chaud sur des coussins confortables. Cette vie ne permet pas à l'animal de brûler toutes les calories absorbées. On peut augmenter les dépenses physiques

COURBE DE POIDS DE UN À DOUZE MOIS

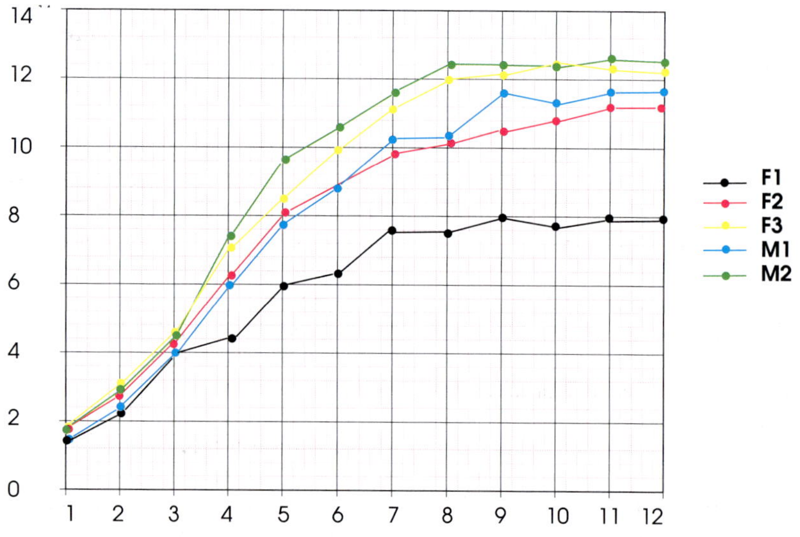

sans toucher à la ration, mais le maître doit participer à l'effort et bouger davantage. Sinon il faut réduire ou alléger la ration.
Il n'est pas souhaitable de diminuer la quantité globale de nourriture, car le chien aura le sentiment de ne pas avoir assez mangé. Il est préférable de distribuer la même quantité mais en utilisant un aliment allégé.
En nourriture ménagère, il est important de supprimer toutes les petites gâteries supplémentaires données en dehors des repas (sucres, gâteaux, petits restes de table, croûtes de fromage).
Cela suffit bien souvent à faire maigrir le chien. On augmente les fibres (légumes verts) et, parallèlement, on diminue la viande et les graisses. La courbe de poids du chien obèse doit être suivie de manière hebdomadaire. Chaque semaine, le chien doit maigrir d'environ 2 % de son poids, avec un régime hypocalorique.
Lorsqu'on a atteint le poids idéal, on peut reprendre une nourriture normale. Néanmoins, la surveillance du poids doit se poursuivre.

Le chien maigre

La maigreur du chien peut avoir plusieurs causes :
– la malnutrition : le chien reçoit une nourriture insuffisante ou pas adaptée à son activité. Il est facile d'y remédier ;
– l'anorexie : le chien n'a pas d'appétit, soit qu'il relève de maladie, soit « qu'il couve quelque chose », soit qu'il souffre de troubles psychiques (séparation, stress répété) ;
– la maladie : nombreuses sont les maladies qui entraînent un amaigrissement. Il importe donc de consulter son vétérinaire.
Lui seul pourra, en fonction des troubles observés, déterminer le régime à adopter.
Tout gavage, tout enrichissement de la nourriture, donné sans avis médical, peut provoquer des troubles graves dans un organisme dont un élément ne fonctionne pas ou mal.
Le chien amaigri qui relève simplement de maladie infectieuse ou d'intervention chirurgicale aura besoin d'une alimentation à la fois riche et facile à digérer.
Il appréciera une alimentation à haute valeur énergétique.

CHCS IB Vénus de Landouar
(Prod., prop. et photo : Girard)

Le chien malade

De très nombreux troubles peuvent relever d'un régime spécial. Ils varient, en effet, en fonction des dysfonctionnements observés et sont de la seule compétence du vétérinaire. Une bonne hygiène alimentaire peut considérablement prolonger la vie de nos compagnons. On doit recourir aux aliments diététiques industriels, spécialement conçus pour diminuer l'incidence d'un mauvais fonctionnement organique. L'insuffisance rénale chronique sera soignée par des aliments à teneur réduite en protéines, enrichis en vitamines du groupe B, pauvres en phosphore et sans adjonction de sodium. Les diarrhées chroniques et les insuffisances pancréatiques seront soulagées par des aliments à teneur réduite en matières grasses. Les insuffisances cardiaques, l'hypertension, nécessiteront une alimentation enrichie en potassium, appauvrie en sodium, et à protéines de très haute qualité.
Ces aliments industriels de régime ont l'avantage de garder une composition constante, parfaitement adaptée au cas, ce qui est extrêmement difficile à réaliser lorsqu'on fait une cuisine ménagère.

Le chien allergique

Les allergies alimentaires sont relativement fréquentes. Elles peuvent être révélées par des troubles gastro-intestinaux ou des problèmes dermiques (boutons, rougeurs, démangeaisons, etc.). L'allergie au gluten, contenu dans les céréales, est la plus fréquente. On trouvera donc, parmi les produits diététiques industriels, des aliments ne contenant ni gluten ni produits laitiers et dont les protéines sont issues de l'agneau ou de la volaille.

CHCS IB Vénus de Landouar à l'âge de quinze ans (Prod., prop. et photo : Girard)

LE TOILETTAGE

Le Bouledogue français possède un pelage ras, fin et serré, qui ne nécessite pas de toilettage particulier, mais seulement un entretien pour garantir une bonne hygiène corporelle.
Le matériel pour le toilettage se compose :
– d'une brosse ou un gant de caoutchouc « spécial poil ras » ;
– d'une peau de chamois ;
– d'une pince à ongles dite « à guillotine ».

BROSSAGE

Il consiste essentiellement à éliminer les poils morts.
On utilise de préférence le gant de caoutchouc qui ne blesse pas la peau et assure un léger massage très apprécié du Bouledogue.
On peut effectuer ce brossage journellement en période de mue. En dehors de cette phase, il peut être simplement hebdomadaire.
La peau de chamois, légèrement humidifiée, peut être utilisée avant le passage en ring de concours pour lustrer le pelage.

BAIN

Le Bouledogue français se salit peu, sauf s'il vit en ville et subit la pollution des rues. Les bains sont donc peu fréquents et simplement nécessaires pour maintenir la propreté corporelle.
On utilise un shampooing spécifique qui ne dessèche pas le poil. Il ne faut jamais utiliser de shampooing pour humains, le poil du chien étant de nature différente du cheveu. Un toiletteur ou un vétérinaire vous conseilleront utilement en fonction de l'état du poil.
Pour les chiens de couleur « caille » (blanc dominant à taches bringées ou fauves), il est préférable d'utiliser un shampooing spécial de couleur bleue pour chien blanc.
Cependant, il faut être prudent, certains chiens particulièrement sensibles sont allergiques au colorant.
Si le chien se gratte ou si sa peau présente des rougeurs, il ne faut surtout pas reprendre ce type de produit.
Une fois le chien lavé, l'eau doit être épongée soigneusement avec une serviette en frottant dans le sens du

poil afin de ne pas le casser. Le séchoir électrique ne sera utilisé que par temps froid.

Soins

Ils consistent à vérifier que certains points plus fragiles ne sont pas souillés.

Les yeux

Leur contour sera nettoyé avec un coton doux imbibé de sérum physiologique.
Les larmes qui s'écoulent le long des rides peuvent provoquer un jaunissement du poil et une irritation de la peau chez les chiens à dominante blanche. On peut l'éviter en passant régulièrement dans les rides un peu de vaseline pure, qui imperméabilisera le poil et la peau.

Odile dite Octane de Landouär (Prod. : Girard, prop. : Barbedette-Wallez, photo : Wallez)

Le nez

Un peu de vaseline pure sur la truffe évitera qu'elle ne se dessèche ou ne se fendille.

Atinam du Bois Bourgeois (Prod. et prop. : Bendjemia)

Mrs Trellis Tommyville (Prod. : M. Bootle et N. Birks, prop. : M. Bootle – Grande-Bretagne)

Les oreilles

Elles sont largement ouvertes donc peu sensibles aux attaques microbiennes. Néanmoins, il est nécessaire de vérifier périodiquement que le conduit est propre et n'émet pas d'odeur désagréable. Si nécessaire, utilisez un nettoyant spécial que vous introduirez dans l'oreille. Massez bien la base de celle-ci en faisant remonter les salissures vers l'orifice. Ôtez-les avec un coton doux. N'enfoncez pas de Coton-tige dans le conduit de l'oreille car il repousse et tasse les débris au fond. Il existe des Cotons-tiges spéciaux, dont le bout est renflé et qui ne présentent aucun danger, car ils ne peuvent s'enfoncer profondément. Si le dépôt est brunâtre, sent mauvais (odeur de beurre rance), il faut consulter sans délai. Des levures ou des parasites peuvent en être la cause et provoquer des otites externes. Une otite mal soignée peut devenir très grave.

Le pavillon de l'oreille des chiens blancs à taches bringées ou fauves est le plus souvent rose et sensible aux rayons solaires. En été, les chiens de cette couleur peuvent donc souffrir d'un érythème solaire, avec la peau qui pèle et des démangeaisons pénibles. Mieux vaut donc prévenir que guérir et enduire le pavillon de l'oreille avec une crème solaire protectrice à usage humain, d'indice 25 minimum pour assurer une protection efficace.

Les rides

Elles sont parfois profondes et sujettes à inflammation. La prévention consiste à les protéger régulièrement par une légère couche de vaseline pure. Dans le cas où elles sont très humides et rouges, il faut les sécher avec un peu d'acide borique en poudre que vous trouvez en pharmacie. On passe le produit dans les interstices avec un Coton-tige.

On le laisse absorber l'humidité quelques instants et on enlève délicatement la pâte qui s'est formée. On recommence autant de fois qu'il le faut pour bien sécher la peau.

Au cas où l'inflammation serait trop importante et constituerait des croûtes purulentes, l'intervention d'un vétérinaire serait nécessaire.

La queue

La queue du Bouledogue est souvent tire-bouchonnée et fortement collée aux fesses. Une macération des poils morts peut se produire et parfois des débris de défécation s'insinuent entre la queue et les fesses. Ceci provoque des irritations prurigineuses gênantes. Il est donc sage de vérifier régulièrement la propreté du tour de la queue. On lave avec un coton imbibé de Chlorexidine, qui a une action désinfectante. Si elle est très incrustée, ôtez régulièrement les poils morts et passez un peu de vaseline ou de pommade antiseptique sous la queue.

Les ongles

Ils s'usent naturellement. Néanmoins coupez-les avec une pince spéciale si nécessaire.

Les pieds

Les coussinets peuvent souffrir, pendant l'hiver, des épandages de sel destiné à faire fondre la neige ou la glace. On peut prévenir l'agressivité des produits en enduisant les coussinets avec une graisse protectrice. La « graisse à traire » que l'on trouve en pharmacie ou dans les coopératives agricoles est très efficace.

U2 et Ugo de la Landouar (Prod. et prop. : Girard)

La reproduction

Le choix de l'étalon et de la lice

Un bon éleveur, qu'il soit occasionnel, amateur ou professionnel doit être particulièrement soucieux de la qualité des chiots produits, qu'il les garde pour son plaisir personnel ou qu'il les vende. Il ne devrait faire reproduire que des sujets de niveau honorable, susceptibles de maintenir ou d'améliorer la race. Contrairement à des idées reçues, le mâle n'a pas tous les pouvoirs et ne gomme pas, par sa seule valeur, tous les défauts d'une lice. Chacun des partenaires amène 50 % de ses gènes.
Le choix du génotype de l'étalon se fera en fonction de ce que l'on souhaite obtenir (voir chapitre sur la génétique) et de la cotation des géniteurs. Un pedigree, comportant plusieurs cotations (3, 4, 5 ou 6 chez de nombreux ascendants), donne plus de chances d'obtenir de beaux chiots, qu'un chien, lui-même bien coté, mais dont presque tous les ascendants sont juste confirmés. Sa beauté a toutes les chances de n'être que le fruit du hasard et de ne pas se transmettre à ses descendants.

La maturité sexuelle

Le mâle

La « puberté » se situe, chez le mâle, vers sept à huit mois. C'est à cette période que l'étalon ne s'accroupit plus pour uriner, mais commence à lever la patte. Cette action, répétée de nombreuses fois, a pour but le marquage du territoire, et pas seulement la miction. L'étalon signale ainsi sa présence à d'éventuels concurrents.
Il arrive parfois que certains mâles continuent à uriner comme les femelles, tout en étant parfaitement capables de saillir.
Au début de la puberté, le sperme peut n'être pas encore très performant. L'abondance et la qualité des spermatozoïdes laissent souvent à désirer.
D'ailleurs, l'âge de la confirmation à douze mois, pour les chiens inscrits au LOF, ne

CE QU'IL NE FAUT PAS FAIRE

Pour le phénotype, en règle générale :
– on ne doit jamais accoupler deux sujets présentant le même défaut sous peine de le voir se renforcer chez les descendants ;
– lorsqu'on accouple deux sujets, l'un présentant l'excès inverse du défaut du partenaire, par exemple une queue extrêmement courte avec une queue trop longue, on n'obtient pas un bon résultat moyen, c'est-à-dire une queue normale. On obtient des sujets à queue trop courte, quelques sujets à queue moyenne et des sujets à queue trop longue. Un défaut ne peut être corrigé que par un sujet parfaitement dans le standard pour ce point particulier ;
– on ne peut corriger tous les défauts simultanément. Il faut faire un choix. La première chose à corriger, mais hélas, la plus difficile, est la structure du squelette si celui-ci laisse à désirer.

permet pas d'accouplement avant cet âge. Il faut cependant se méfier des mâles précoces qui n'attendent pas l'âge légal pour conter fleurette aux belles de leur race… ou des autres. On ne peut, sans risque, laisser un mâle adolescent de huit mois « s'amuser » avec la femelle de la maison. Un seul spermatozoïde vigoureux suffit pour engendrer un chiot qui ne pourra être légalement déclaré.

CE QU'IL FAUT FAIRE

– Accoupler une lice vierge avec un étalon expérimenté ;
– accoupler, pour une première saillie, un étalon vierge avec une femelle douce ayant déjà porté. Le comportement futur de l'étalon dépend souvent de ce premier contact physique. Un jeune mâle inexpérimenté et timide, agressé par une femelle qui prend ses avances pour des provocations, pourra s'éloigner et refuser l'accouplement ;
– choisir un étalon très expérimenté, qui saillit naturellement, si on doit faire un très long voyage pour réunir les futurs époux. Rien de pire que d'avoir fait mille kilomètres pour voir le mâle rester de marbre aux avances de la femelle, surtout si c'est un jour férié et qu'il n'y a pas de vétérinaire disponible !

La femelle

Elle atteint sa maturité sexuelle dès les premières chaleurs, c'est-à-dire entre sept et douze mois.
Mais il n'est pas raisonnable de la faire saillir avant les deuxièmes chaleurs.

Les chaleurs
Les premières chaleurs ou œstrus apparaissent entre sept et douze mois. Elles débutent par la dilatation du vagin, avec perte d'un peu de mucus. (Cette phase peut passer inaperçue.) Puis la vulve durcit et grossit, dans des proportions très variables suivant

les individus. Certaines lices arborent une véritable protubérance congestionnée, d'autres sont si discrètes que certains propriétaires ne distinguent pas de changement.
Il y a émission de sang en quantités très différentes d'une chienne à l'autre. Certaines perdent très peu, d'autres abondamment. Le sang doit être rouge vif. Durant la première semaine, les mâles ne sont pas attirés par la femelle. Tout juste viennent-ils la flairer. La quantité de sang diminue et sa couleur pâlit, devenant plus rosée. La vulve devient moins turgescente.
À ce moment, l'odeur dégagée devient plus perceptible et allèche tout individu mâle qui se trouve dans les parages et cela quelle que soit sa race. C'est à ce moment que les saillies peuvent avoir lieu.
Ensuite la taille de la vulve redevient normale, les écoulements se terminent et la femelle repousse les prétendants.
La durée totale des chaleurs varie de deux à quatre semaines, trois semaines étant le temps le plus fréquemment observé.
L'intervalle entre deux périodes d'œstrus est variable, généralement de six à huit mois, plus rarement de cinq ou de neuf à douze mois.
Il est préférable de faire saillir une chienne Bouledogue aux deuxièmes ou troisièmes chaleurs car les os du bassin sont encore souples, ce qui facilite le passage des fœtus. Un repos d'un an est souhaitable entre deux gestations afin de conserver à la lice un bon état général.
Il est souhaitable de ne plus la faire reproduire au-delà de sept à huit ans, bien que la chienne ne connaisse pas la ménopause.

Détermination de la date d'accouplement

La période d'acceptation du mâle n'est pas fixe, pas plus d'une chienne à l'autre, que d'une chaleur à la suivante chez une même chienne. Certaines femelles âgées cherchent à séduire les étalons dès les premiers jours des chasses, d'autres particulièrement rétives, refusent l'accouplement même dans les jours où elles se trouvent fécondables. Se fier aux habitudes qui veulent que la lice soit en période optima entre les dixième et treizième jours peut se révéler désastreux.
Il est donc préférable, si l'on ne possède pas d'étalon pour renouveler la saillie fréquemment afin de couvrir une large période, de recourir à votre vétérinaire qui vous guidera grâce aux procédés suivants :
– contrôle, dès le huitième jour, par des frottis vaginaux de l'évolution des chasses, la forme et la couleur des cellules changeant pendant le pro-œstrus et l'œstrus ;
– dosage de la progestérone contenue dans le sang. Chez la chienne, le taux de progestérone s'élève progressivement pendant les chaleurs. Quand la valeur de progestérone atteint 10 nanogrammes, l'ovulation a eu lieu et la chienne doit être saillie

quarante-huit heures après que la progestérone a atteint ce seuil. Les vétérinaires disposent de matériel de dosage colorimétrique qui leur permet de repérer clairement quand la limite des 10 nanogrammes a été franchie. Cette méthode est très fiable.
Peu d'éleveurs se contentent d'une saillie unique et beaucoup recourent à une seconde saillie quarante-huit heures après la première.

La saillie naturelle

En élevage, les partenaires ne se choisissent pas. Ils sont mis en présence l'un de l'autre sans compétition avec d'autres mâles. Le moment de réceptivité de la chienne n'est pas toujours calculé. Il est normal que le mâle, surtout s'il est puceau, ne s'exécute pas en quelques minutes. Il est aussi habituel que certaines femelles soient terrorisées ou agressives selon leur humeur, surtout si ce sont des chiennes couvées au sein de leur foyer et peu habituées à rencontrer d'autres individus de leur race.

La marche à suivre

Pour qu'un jeune mâle devienne un bon étalon, il faut agir avec bon sens, calme et patience.
Installez-vous dans la pièce où le chien aura ultérieurement à effectuer ses saillies. Bannissez tout spectateur inutile. Seul le propriétaire de la femelle ou un ami pour vous aider sont nécessaires.
Disposez au sol un vieux tapis ou une moquette usagée qui évite au chien de glisser pendant le chevauchement. Elle conservera ensuite l'odeur des ébats amoureux.

La saillie naturelle (Photo : Dauvois)

Son « parfum » mettra le chien en condition pour les futures saillies. Un jeune chien n'a aucune pratique amoureuse. Il est motivé par son instinct, mais il peut se montrer timide ou maladroit. Une femelle expérimentée se prêtera volontiers à ses avances, l'encouragera par des postures caractéristiques et provoquera les jeux amoureux.
Ne laissez pas jouer trop longtemps les deux partenaires sous peine de les voir épuisés par la course et trop essoufflés pour « conclure ». Ensuite maintenez la femelle par son collier et laissez le mâle la chevaucher. Maintenez bien la femelle, car la première pénétration peut la surprendre et déclencher un réflexe de recul. Quand l'intromission est réalisée, vous pouvez maintenir l'étalon en place en pressant fermement ses fesses et ses cuisses contre le corps de la femelle. Un étalon, confiant dans son maître, se laisse manipuler, éventuellement guider vers la vulve, et maintenir en place. Certains, par contre, rejettent tout contact physique avec le maître et interrompent leur action si on les touche. Il vaut mieux, alors, s'abstenir d'intervenir. Dans les secondes qui suivent, le bulbe érectile va gonfler dans le vagin de la femelle. C'est à cet instant qu'il faut être très vigilant et bien maintenir la lice afin qu'elle ne tente pas de s'arracher, ce qui pourrait produire de graves lésions à l'un ou à l'autre des partenaires. Le mâle peut être maintenu contre la femelle ou bien se retourner. Cela dépend des individus. Mais il faut toujours tenir la femelle afin qu'elle ne cherche pas à se dégager brutalement.

La durée d'une saillie est très variable. Le premier éjaculat ne comporte que le flux de liquide contenu dans l'urètre. Puis vient rapidement le sperme lui-même. Enfin, le chien évacue le liquide prostatique, qui sert de diluant, en plusieurs éjaculations séparées par des temps de repos. C'est cette période qui est la plus longue. Elle peut varier de quelques minutes à une bonne demi-heure. La durée de l'accouplement n'a pas d'influence sur la réussite de la saillie, même si la dernière phase a été très brève.

Si cela ne marche pas...

Il est important de ne pas faire un échec personnel de la timidité ou de l'inexpérience de son étalon. En cas d'insuccès, si cela n'a pas été fait précédemment, vérifiez par des tests que la femelle est bien en période de réceptivité.
Les testicules ont besoin de plusieurs heures pour reconstituer le stock de spermatozoïdes.
Si l'étalon s'est mal exécuté et qu'une bonne partie de la semence a été évacuée dans la nature, inutile de renouveler l'acte rapidement. Le résultat risquerait d'être décevant. Mieux vaut attendre douze à vingt-quatre heures.
Par contre, un chien jeune, en bonne santé, vigoureux et ardent, est capable physiquement de faire deux saillies fécondes dans la même journée. La saillie est un acte qui réclame beaucoup d'énergie. Il ne faut pas surmener inutilement un étalon fréquemment sollicité et il est nécessaire de lui accorder un temps

de repos. Il est souhaitable, lorsque cela est possible, de faire les saillies à quarante-huit heures d'intervalle, ce qui couvre mieux le temps de réceptivité de la lice.
Les chaleurs des femelles sont souvent simultanées. Des saillies répétées quotidiennement pendant une ou deux semaines peuvent fatiguer l'étalon et la qualité de la semence diminuera en fin de période.
Il n'y a pas de règle générale. Le propriétaire doit savoir apprécier la vigueur de son chien, ses capacités sexuelles, et respecter sa santé.
Un chien en bonne condition peut saillir sans problème jusqu'à huit ans. Au-delà, c'est une question de bon état physique général et d'entraînement. Certains chiens sont tout à fait capables de faire des saillies fécondes à neuf ou dix ans, parfois plus, surtout si ce sont des étalons qui ont beaucoup procréé. Mais la richesse et la qualité du sperme varient avec l'âge et diminuent, bien entendu, peu à peu. Lorsqu'un chien mérite de transmettre des qualités exceptionnelles de géniteur et qu'il est en très bonne santé à neuf ou dix ans, il n'y a pas de raison de lui interdire toute activité sexuelle. Au contraire, il est important pour une race de conserver ce patrimoine génétique.

La saillie assistée

Dans la nature, un étalon timide, maladroit, sans libido, n'a aucune chance de procréer. L'absence de pulsion sexuelle peut être psychologique : attachement trop puissant au maître ou chiot maladroitement et perpétuellement réprimandé quand il faisait des simulacres de chevauchement. Mais elle est le plus souvent due à des problèmes hormonaux, sexuels ou thyroïdiens. Dans ce cas, utiliser la procréation assistée pour résoudre le problème ne peut que propager les difficultés du géniteur en les communiquant à ses descendants. C'est tout à fait dommageable pour une race dans son ensemble. Le propriétaire d'un tel mâle, qui serait incapable de saillir naturellement plusieurs fois de suite, s'honorerait à ne pas utiliser son chien, si beau soit-il.
Quant aux propriétaires de femelles, ils devraient renoncer à utiliser un étalon qui ne saillit pas naturellement des chiennes sans problème physique ou caractériel.
Le procédé ne devrait être employé que dans des cas bien précis où la saillie naturelle ne peut être effectuée :
– femelle très agressive qui refuse la saillie et veut mordre ;
– malformation des organes génitaux de la femelle (ptôse vaginale, par exemple) ;
– utilisation de sperme congelé ou réfrigéré.

Sperme réfrigéré

Certains propriétaires souhaitent conserver la semence d'un étalon particulièrement représentatif de la race ou descendant d'une lignée remarquable qu'ils ne souhaitent pas voir disparaître. Les prélèvements de sperme se font en ENV et les paillettes de sperme sont conservées

dans de l'azote liquide jusqu'à utilsation.
Le sperme réfrigéré est recueilli par un vétérinaire agréé. Sa durée de vie est courte et n'excède généralement pas 48 à 72 heures pour obtenir un résultat satisfaisant. Il peut être ainsi expédié partout dans le monde en service postal express.
À l'heure actuelle, on obtient d'excellents résultats avec le sperme congelé, mais l'insémination se fait *in utero*, avec une sonde spéciale, par un vétérinaire spécialiste, et après un suivi hormonal poussé et des échographies avec un échographe très performant qui permet de déterminer avec exactitude le moment de la ponte ovulaire.

La gestation

On peut diviser la gestation en deux périodes distinctes, le premier mois sans modification importante, le second où beaucoup de choses se jouent.

Le premier mois

Voici ce qu'il faut faire pendant le premier mois de grossesse :
– poursuivre l'alimentation aux mêmes doses et avec la même qualité que les aliments habituels ;
– ne pas modifier l'activité de votre chienne ;
– si la chienne doit recevoir des traitements médicaux, il est indispensable de signaler au vétérinaire qu'elle a été saillie et qu'elle est susceptible d'être gestante.

L'apparence physique extérieure
Elle ne change pas ou pratiquement pas pendant le premier mois. Il n'y a aucune augmentation du volume abdominal. Si la saillie a réussi et que la chienne a été fécondée, les ampoules fœtales qui renferment les fœtus ont seulement un diamètre d'environ 19 mm chez une lice Bouledogue français de 11 à 12 kg au vingt et unième jour de gestation. On peut les comparer à une grosse noisette. Même si la chienne porte six fœtus, le volume des six « noisettes » ne modifie pas la taille de l'abdomen !
Il faudrait plutôt s'inquiéter de voir une lice prendre du ventre au cours des premières semaines, car la plupart du temps la chienne est en train de développer une pseudo-gestation, plus communément appelée « grossesse nerveuse ». L'utérus est alors rempli de liquide. Vers la troisième ou la quatrième semaine, les tétons peuvent durcir et se colorer chez une primipare. C'est un bon présage, mais pas un signe infaillible, car ce changement d'apparence peut se produire également lors d'une grossesse nerveuse. Ce signe est moins perceptible et plus tardif chez les femelles qui ont déjà mis bas une ou plusieurs fois. Il ne survient souvent qu'au cours du deuxième mois de gestation.

Le comportement
Il ne varie pas. Il est fréquent de rencontrer une baisse d'appétit aux alentours de trois ou quatre semaines de gestation. La chienne peut même présenter quelques troubles gastriques de type nauséeux,

DIAGNOSTIC DE GESTATION

• La palpation abdominale
Elle n'est possible qu'après trois bonnes semaines de gestation présumée. La période la plus favorable à l'examen se situe entre le vingt-huitième et le trente-deuxième jour. Il faut la pratiquer sur une chienne à jeun, afin de ne pas être gêné par une grosse masse stomacale ou intestinale. La chienne doit être relaxée et calme, ce qui est parfois impossible à obtenir dans un cabinet vétérinaire où l'atmosphère des lieux perturbe l'animal qui se contracte. Si la lice est bien détendue et confiante, une main experte sent alors distinctement les ampoules fœtales. Il est assez difficile de les compter toutes avec précision.
Par contre, le fait de ne rien sentir n'est pas pour autant la preuve formelle que la chienne est vide. En effet, une ampoule fœtale unique peut être noyée dans la masse et indétectable au toucher.
Après trente-cinq jours, la palpation ne révèle plus rien.
Les ampoules sont rassemblées en grappe et forment une masse indistincte.

• L'échographie
C'est le moyen le plus sûr pour établir le diagnostic de gestation.
Bien que l'on puisse parfois déceler les ampoules fœtales dès dix-huit à vingt jours après la saillie, le résultat peut n'être pas fiable, si on n'a rien vu, et une grossesse est encore possible. Il est donc préférable d'attendre le vingt-quatrième ou vingt-cinquième jour.
Le vétérinaire peut alors compter les fœtus et les mesurer. Le chiffre annoncé est souvent inférieur à la réalité lorsque la portée est importante. Les images des fœtus peuvent se superposer ou se chevaucher, rendant la lecture plus difficile et moins précise.
Un diagnostic précoce par échographie permet de mieux gérer l'alimentation de la chienne au cours du deuxième mois de grossesse. Inversement, vous ne suralimenterez pas inutilement une chienne vide.

• La radiographie
Elle est impossible tant que les petits squelettes ne sont pas calcifiés. Elle n'est praticable qu'à la fin de la grossesse.

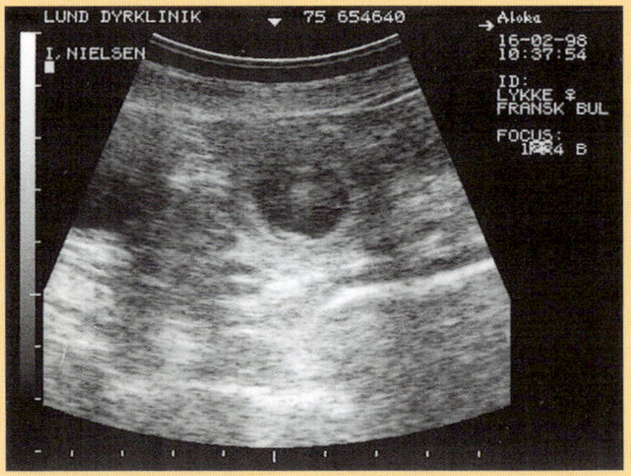

Image échographique d'un fœtus âgé d'un mois

qui ressemblent à ceux de la femme enceinte. Il faut alors « mettre les petits plats dans les grands » pour la tenter avec des aliments de qualité assez variés pour lui redonner l'envie de bien s'alimenter.

Le poids

Il ne change pas et on observe plutôt une petite perte de poids à la fin du premier mois de grossesse, d'environ 500 g, due au passage anorexique.

Les pertes vaginales

Elles ont cessé à la fin des chasses. À la fin de la quatrième semaine, on note souvent une perte de glaires filantes et transparentes comme du blanc d'œuf. Cet écoulement discret est normal et peut être considéré comme un signe positif de gestation. Mais il n'est pas toujours présent. Par contre, la même perte, en début de gestation (vers le dixième jour) est souvent un indice de pseudo-gestation. En dehors de ce phénomène, toute perte anormale, laiteuse, verdâtre, rougeâtre, brunâtre ou sanguine, est un symptôme d'infection ou d'avortement qui doit être traité d'urgence par le vétérinaire.

Le second mois

À défaut d'un diagnostic de gestation par palpation ou échographie, il vous faudra patienter pour être certain de l'état de votre chienne et cela parfois jusqu'à six semaines si elle porte peu de chiots. D'où l'intérêt d'un diagnostic précoce pour adapter à son état, son alimentation, ses activités et les soins à lui procurer.

L'alimentation

Le plus important est de veiller à la qualité de la nourriture. L'apport en protéines de valeur doit être élevé, car les besoins sont accrus. Il est préférable de choisir une alimentation riche en protéines dès la cinquième semaine. À partir de cette date, on optera pour des aliments « chiots » ou « haute énergie » en alimentation industrielle. En alimentation ménagère, la proportion de viande grasse de bonne qualité sera augmentée par rapport à celle des légumes et des céréales. Il faudra également ajouter les vitamines et les sels minéraux que vous conseillera votre vétérinaire. En nourriture industrielle, n'apportez aucun supplément minéral ou vitaminé puisque la composition des produits est déjà enrichie et tient compte des besoins accrus en ces substances.
Pour calculer sa ration journalière, vous devrez prendre en compte trois éléments :
– l'importance de la portée ;
– le volume abdominal pris par les chiots ;
– la prise de poids.

Ottobyens Léa Linselus (Prod. : Gulliksen, prop. : B. Solbakken, photo : Solbakken – Norvège)

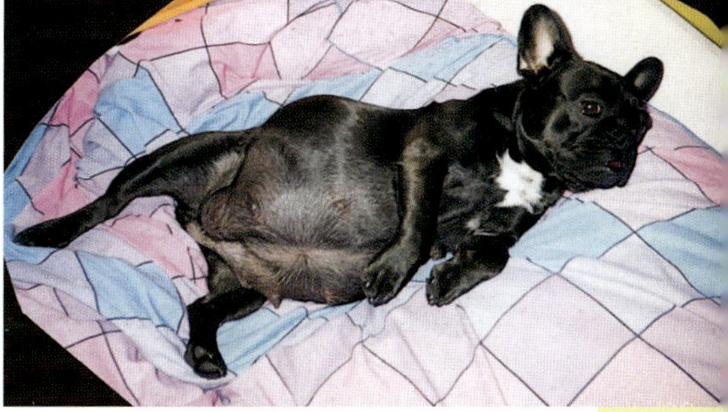

Plus les chiots sont nombreux, plus la ration devra être augmentée pour que la mère n'épuise pas ses réserves personnelles.
Lorsque le nombre des fœtus est important, l'estomac se trouve comprimé. Il est donc préférable de fractionner la ration en plusieurs repas, deux au minimum et même trois dans certains cas.
Une pesée hebdomadaire est nécessaire, car la prise de poids doit être surveillée. En fin de gestation, un excès de poids peut se révéler dangereux. Des chiots trop gros peuvent rendre difficile ou impossible une mise bas naturelle. En moyenne, on considère que le gain de poids ne doit pas excéder 25 % du poids habituel, soit pour une chienne de 11 kg un gain maximum de 2,750 kg. On augmente la ration de 10 % par semaine à partir de cinq semaines de gestation pour une portée d'importance normale. Pour un chiot unique, il est pratiquement inutile de modifier la ration. Par contre, en cas de chiots très nombreux, la lice est souvent très gênée par son abdomen distendu et il faut parfois déployer de l'imagination pour lui fournir des aliments riches sous un faible volume. Dans ce cas, le jaune d'œuf, le jus de viande, le gruyère râpé, peuvent être utiles.

Les activités

La grossesse est un état naturel des mammifères. Ce n'est pas une maladie. Il n'est donc pas utile de condamner votre petite Bouledogue aux coussins perpétuels. Au contraire, l'activité est nécessaire à une bonne circulation et… à un « bon moral ».
Cependant, il est préférable de bannir les activités prolongées ou celles qui nécessitent une grande dépense d'énergie et d'éviter les sauts intempestifs. Il est conseillé d'interrompre momentanément, surtout en phase terminale, l'agility. D'ailleurs, la chienne se met plus facilement au repos, ses siestes sont plus longues, plus nombreuses, et elle recherche le calme, évitant les jeux violents avec les autres partenaires.

Les soins

Il est indispensable de maintenir la chienne en bonne condition physique, c'est-à-dire propre et en bonne santé. Il faut donc faire la chasse aux parasites, externes ou internes, qui sont nuisibles à la mère, mais aussi à sa progéniture. Sous l'effet des hormones, les larves de certains vers, les ascaris en particulier, enkystés dans les muscles, se réactivent et, par le circuit sanguin, passent dans l'utérus et vont infester les fœtus. Il est donc très important de

CHCS MC IB Eaulympe de Landouar, enceinte de dix chiots (Prod., prop. et photo : Girard)

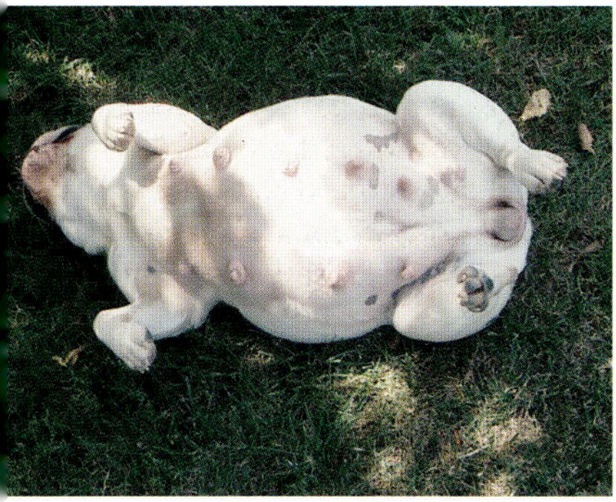

Rouge Baiser de la Landerie
(Prod. : M.-C. Dauvois)

limiter au minimum leur migration. Il existe, de nos jours, des produits parfaitement adaptés, même pendant la grossesse, et dont l'innocuité est totale. En règle générale, le protocole se déroule ainsi :
– premier traitement au vermifuge un peu avant la saillie ;
– deuxième traitement à cinquante jours de gestation.

Votre Bouledogue doit avoir un pelage sain et bien entretenu, sans parasites (puces) ou champignons (teignes) qui ont toutes les chances de parasiter les nouveau-nés dès qu'ils feront leur apparition. Une précaution élémentaire consiste à donner à la mère, avant la saillie, les traitements qui lui sont nécessaires, si par hasard elle présente ce genre de troubles. Il suffira ensuite de maintenir un bon état sanitaire général, sur elle-même et dans son environnement.

En cours de gestation, si vous êtes confronté à ce genre de problème, vérifiez soigneusement, avant tout traitement, si celui-ci est compatible avec la grossesse.

L'inspection de la vulve doit être régulière et toute perte doit faire l'objet d'une consultation vétérinaire. Cependant, le rejet de glaire filant comme du blanc d'œuf est normal vers le cinquantième jour de gestation et ne doit pas vous inquiéter.

À NE PAS FAIRE

Dans tous les cas, ne pratiquez jamais d'automédication et consultez votre vétérinaire pour ne pas appliquer ou faire ingérer un produit qui pourrait s'avérer nocif pour les fœtus, même s'il s'agit d'un médicament que l'on donne habituellement. Certains, d'utilisation très courante, peuvent être contre-indiqués en cas de grossesse.

La préparation de la naissance

Une mise bas ne s'improvise pas à la va-vite, au dernier moment, quand la chienne a ses premières contractions. Il faut prévoir le matériel nécessaire pour que tout s'effectue dans les meilleures conditions possibles pour le confort de la parturiente et le vôtre.

La caisse de mise bas

Elle est indispensable. On trouve dans le commerce des caisses toutes prêtes en matériau composite, très faciles à désinfecter, mais malheureusement très onéreuses, surtout si vous ne faites pas de l'élevage votre profession. Il est tout

LA CAISSE DE MISE BAS

Pour une Bouledogue, une caisse de 0,80 m sur 0,50 m est très bien adaptée. Afin que les chiots ne se refroidissent pas, les parois devront être suffisamment hautes pour concentrer la chaleur et éviter les courants d'air. Une hauteur de 0,35 m est parfaite. Il vous suffira d'acheter les matériaux suivants :
- du contre-plaqué, qualité « marine », que vous ferez découper à vos dimensions ;
- des clous et des vis ;
- un morceau de cornière perforée ;
- du profil en aluminium en U ;
- un bout de chaîne avec un mousqueton ;
- de la bonne laque blanche.

à fait possible de la construire soi-même, ce qui ne nécessite pas de compétence particulière en menuiserie.
La corbeille d'osier ou le panier en tissu ne sont pas faciles à nettoyer à fond et risquent d'être endommagés par la lice qui gratte et déchire.
La femelle doit pouvoir se retourner dans sa caisse sans écraser les chiots et trouver un coin moins exposé à la chaleur du radiant. Mais la surface ne doit être trop grande pour que les bébés ne se dispersent pas trop et puissent retrouver leur mère facilement.
Votre petite Bouledogue doit pouvoir se déplacer aisément dans sa caisse et dans la pièce où elle se

Chiots de l'élevage de la Landerie

trouve pendant toute la période qui précède l'accouchement et pendant celui-ci. Elle doit donc pouvoir en sortir facilement, sans faire d'efforts, sans sauter ou heurter ou frotter ses mamelles aux parois, ce qui pourrait être douloureux. Il faut donc laisser un accès facile sur une des faces. De chaque côté de cet espace, on vissera des profils « en U ». Ils permettront ensuite, quand les chiots seront nés, de faire coulisser des planches de différentes hauteurs en fonction du développement des bébés. Faible hauteur au début, quand les chiots se contentent de ramper, mi- hauteur de la caisse quand ils vont marcher et tenter d'explorer le monde qui les entoure. Ce système permet, en outre, lorsque les chiots atteignent trois à quatre semaines et sont actifs, de supprimer à nouveau la porte et de laisser libre l'ouverture afin qu'ils rentrent et sortent à leur guise, pendant le jour et de les enfermer la nuit pour qu'ils ne s'égarent pas trop loin. À un mois, le passage restera définitivement ouvert.
On montera la potence amovible en cornière perforée qui permet d'accrocher le radiant nécessaire au chauffage des chiots sur un des côtés de la caisse.
Il n'est pas indispensable, avec les mères Bouledogues qui sont très précautionneuses envers leur progéniture, de disposer sur les parois internes des tasseaux destinés à laisser un espace pour qu'elles n'écrasent pas les chiots qui s'y trouvent. Si on souhaite le faire, il faut placer le tasseau à la hauteur correspondant à la taille d'un chiot d'environ deux semaines, soit une dizaine de centimètres.

La garniture de la caisse
La lice gratte et déchire sa couche durant la période du travail. Cela peut durer d'une demi-heure à quelques heures. Si on ne craint pas le ramassage des confettis, on peut disposer des journaux propres dans la caisse. Néanmoins, la couleur du journal ne permet pas de bien distinguer la couleur des pertes. Il est préférable d'utiliser des linges usagés, pour qu'elle puisse assouvir ses instincts. Avec des linges blancs, vous repérerez le moment où elle évacuera les eaux, à la couleur jaune verdâtre, du liquide qui doit être limpide. Sur un fond blanc, toute anomalie de couleur se voit et doit vous alerter si le liquide est sale, trouble, teinté de brun ou de rouge. Vous devrez également prévoir du papier absorbant ou des serviettes propres pour sécher les nouveau-nés. Des linges fins, type mouchoir, peuvent être très utiles pour saisir un chiot coincé au niveau de la vulve et le tirer au-dehors, en conservant une bonne prise qui ne soit pas glissante. Au cours de la mise bas, une chienne perd beaucoup de liquide et salit abondamment sa couche. Il faut donc renouveler fréquemment la garniture de la caisse pour qu'elle soit bien au sec et ne baigne pas dans ses déchets. C'est une question d'hygiène. Un poil sali par le sang et imprégné pourrait dégager des odeurs nauséabondes par la suite et faire le lit d'infections locales.
Ce n'est que lorsque la mise bas sera terminée, lorsque la chienne aura retrouvé son calme, que vous pourrez installer les chiots et leur mère sur une litière propre et définitive. La plus saine, la plus chaude, la plus facile à entretenir est de loin le tapis

de fourrure acrylique. Il maintient les chiots au sec en les isolant de leur urine et les garde bien au chaud. Le contact de la fourrure leur est agréable. De plus, il permet aux petites pattes de prendre appui sans glisser et facilite ainsi les premiers pas des bébés. Ce type de tapis se lave facilement en machine et sèche très rapidement. Il se trouve dans les magasins spécialisés.

Le chauffage

Pendant les trois premières semaines de vie, les chiots ne régulent pas leur température. S'il n'y a pas de source de chaleur, ils se refroidissent très vite et d'autant plus rapidement que leur volume corporel est faible. Leur mère, même si elle est très attentionnée, ne s'intéresse pas à un chiot froid qui cesse de remuer et, c'est un phénomène parfaitement naturel, le délaisse complètement. Lorsqu'un chiot est en hypothermie, il ne bouge plus, ne réagit plus. Il meurt dans un coin de la caisse, le plus souvent aplati sous la mère qui l'a recouvert au cours de ses déplacements. On croit alors qu'elle l'a écrasé. En fait, la chienne n'est pas coupable.

Par ailleurs, certaines bactéries ou virus ne se développent pas au-delà d'une température de 39 °C. Maintenir les chiots à bonne température est donc une clé du

LE MATÉRIEL MÉDICAL

Pour ne pas avoir à le chercher au dernier moment, prévoyez-le d'avance. Il se compose :
– d'un thermomètre médical de préférence à cristaux liquides et non à mercure ;
– d'une paire de ciseaux pour couper les cordons ombilicaux ;
– de clamps (pince médicale destinée à obturer les vaisseaux, en l'occurrence le cordon ombilical) ou, à défaut, de pinces à linge neuves ;
– de fil de lin pour ligaturer le cordon ;
– d'alcool à 90° pour désinfecter les objets avant leur utilisation ;
– d'éosine à appliquer sur les nombrils des chiots àl'aide de Coton-tige ;
– de gants de latex fin ;
– de papier absorbant ;
– de gel intime lubrifiant, beaucoup plus efficace que l'huile d'amandes douces pour lubrifier éventuellement le vagin de la femelle (en pharmacie ou au rayon hygiène des grandes surfaces) ;
– des médicaments qu'aura pu prescrire votre vétérinaire ;
– d'une poubelle pour jeter les déchets placentaires ;
– d'une balance pour peser les chiots ;
– d'un casier plastique ou une petite corbeille pour installer les premiers chiots en attendant la fin de la mise bas ;
– d'une bouillotte ou deux pour garnir ce casier et maintenir au chaud les premiers arrivés ;
– de papier et d'un crayon pour noter soigneusement les heures auxquelles se seront produits les différents événements de la mise bas et la description des chiots (ceci est très important en cas de problème ultérieur pour guider votre vétérinaire) ;
– enfin du numéro de téléphone de votre vétérinaire et de celui du service de garde.

succès de l'élevage d'une portée. Il est totalement absurde de chauffer la totalité de la pièce à 25 °C. La température sera encore insuffisante pour les chiots et parfaitement intolérable pour la mère. La chienne halète, souffre de déshydratation, quitte la caisse de multiples fois, tantôt pour boire, tantôt pour s'allonger au frais sur du carrelage si elle peut y accéder. Toute cette agitation est préjudiciable aux chiots. La température ambiante de la pièce peut donc être fraîche pourvu que la moitié de la caisse soit convenablement chauffée. La lampe à infrarouges, du type utilisé dans les élevages de volaille, présente deux inconvénients : elle diffuse de la lumière en permanence et elle dessèche l'atmosphère (d'où déshydratation de la mère et des chiots). Le radiant est préférable. Les pages publicitaires des revues canines comportent les adresses de revendeurs où vous pourrez vous approvisionner facilement. En accrochant votre radiant à la potence à l'aide d'une chaîne et d'un mousqueton, vous aurez la possibilité de modifier la distance qui sépare les chiots du radiant au fur et à mesure que les petits grandiront. Au départ, une température de 31-32 °C est nécessaire au niveau des chiots. Pour la mesurer avec exactitude, placez un thermomètre sur un objet ayant la taille d'un chiot à naître et modifiez la hauteur de la chaîne pour arriver au degré de température souhaité. Au cours des trois premières semaines, vous relèverez votre radiant progressivement afin d'arriver à la suppression totale de la source de chaleur à trois semaines de vie, si la température ambiante du local d'élevage est normale, c'est-à-dire aux environs de 20 °C. Le chauffage sera maintenu plus longtemps si la pièce est froide et ne comporte aucun autre type de chauffage général.

Les derniers jours de gestation

À partir du cinquantième jour de gestation, il est possible de sentir les bébés bouger dans le ventre maternel. Si la portée est importante, on peut même les voir remuer sous la peau de l'abdomen quand la lice s'allonge sur le côté. Pour les races à mise bas réputée difficile, les vétérinaires conseillent de pratiquer un examen radiologique, pour déterminer le nombre, la position et la forme des fœtus. Cet examen n'est vraiment efficace qu'à partir du cinquantième jour. Avant cette date, les squelettes ne sont pas visibles. Plus on le fait tard, plus le diagnostic est précis. Par contre, lorsque les fœtus sont nombreux, les petits squelettes peuvent apparaître emmêlés et il est alors bien difficile de les compter avec certitude. Il n'est pas rare qu'un éleveur, prévenu de la présence de cinq ou six chiots, voie avec surprise la chienne continuer à pousser et finir par expulser un ou deux bébés supplémentaires. Si le vétérinaire constate la présence d'un chiot monstrueux, il pourra prévoir d'emblée une césarienne pour délivrer la mère et sauver ainsi les autres bébés normaux. Chez le Bouledogue français, la taille de la portée peut varier (entre un et dix chiots). Néanmoins, les portées de huit à dix chiots sont rares. (La moyenne générale sur les deux dernières années est de quatre chiots déclarés par portée.) En fait, la moyenne des chiots nés est plus élevée (cinq à six par portée), mais il y a une mortalité assez importante, soit *in utero,* soit dans les premiers jours. Cette mortalité néonatale est la conséquence des mises bas trop longues et difficiles ou d'anomalies congénitales (becs-de-lièvre et fentes palatines particulièrement fréquents chez les brachycéphales), provoquant la mort ou nécessitant l'euthanasie.

La durée de la gestation

Il est nécessaire de compter les jours de gestation à partir de la première saillie pour ne pas être surpris par un déclenchement précoce de la parturition. La durée moyenne de la gestation est de soixante-deux ou soixante-trois jours. Dans les faits, cette durée est variable. Elle peut aller de cinquante-sept à soixante-dix jours. Ces variations dans la durée ne sont pas le fait du hasard et sont explicables. Comme il y a parfois une absence de simultanéité entre l'acceptation du mâle et l'ovulation, il peut y avoir décalage entre le jour de la saillie et celui où les ovules auront été réellement fécondés. Une ou plusieurs saillies peuvent donc avoir été effectuées avant même que la chienne ait ovulé. En outre, la durée de vie des spermatozoïdes (en moyenne de trois à cinq jours) peut atteindre ou dépasser une semaine chez certains sujets. Une saillie prématurée, jointe à une durée de vie longue de spermatozoïdes particulièrement robustes, conduit à soixante-deux jours + huit jours = soixante-dix jours de gestation. Il n'est pas rare que, dans ce cas, la taille de la portée soit abaissée à un ou deux chiots. Il ne faut jamais précipiter les choses et s'affoler tant que la mère ne présente aucun signe précurseur de la mise bas, que sa température corporelle n'a pas baissé, que son appétit est normal, qu'il n'y a pas d'écoulements suspects et qu'elle semble dans un état normal.

LES SIGNES PHYSIQUES AVANT-COUREURS

• La montée de lait
Elle n'est pas un signe suffisant. Certaines chiennes font une montée de lait plusieurs jours, voire une bonne semaine, avant l'accouchement, d'autres seulement au moment de mettre bas. Certaines n'ont pas de lait du tout et c'est la fin de la mise bas qui détermine le démarrage de la lactation.

• La cassure du bassin
Elle intervient également à cette période. Les os du bassin sont plus apparents au niveau des hanches. La queue, bien qu'atrophiée, se redresse un peu. La ligne de dos semble creusée au niveau de l'articulation dorso-lombaire. L'arrière-train se relève.

• La dilatation de la vulve
Elle est très visible un ou deux jours avant la mise bas. La vulve devient flasque et pend mollement.

• Les pertes glaireuses et muqueuses
Dues au ramollissement du bouchon gélatineux qui obture le col de l'utérus, elles s'évacuent en faible quantité. Elles ne sont pas colorées ou légèrement jaunâtres. Elles ressemblent à du blanc d'œuf épais et collant.

La baisse de température
Il existe une méthode très simple pour prévoir l'imminence de la mise bas, c'est la prise bijournalière de la température à partir du cinquante-cinquième jour de gestation. Il est nécessaire de commencer tôt pour évaluer la température habituelle de l'animal. Si la température rectale normale est de 38 à 38,5 °C pour un chien au repos, on constate qu'elle est souvent inférieure chez le Bouledogue français. Une température comprise entre 37,4 et 37,8 °C est beaucoup plus fréquente qu'une température à 38 °C. Il est donc nécessaire de connaître la température courante de votre femelle pour ne pas croire à une baisse qui n'existe pas. Douze à vingt-quatre heures avant la mise bas, la température du corps descend au-dessous de 37 °C, parfois même jusqu'à 36 °C. Cette chute, d'environ 1 °C par rapport à la température normale, peut être progressive ou brutale. Lorsque la température commence à baisser, il est nécessaire de renouveler la prise, plusieurs fois par jour. Il n'est pas rare qu'une baisse « en dents de scie » joue avec vos nerfs. La température à 37,2 ou 37,3 °C fait croire à l'imminence de la mise bas, puis elle remonte à 37,8 °C quelques heures après. Heureusement, certaines femelles ont une descente lente et régulière du thermomètre, moins stressante pour les maîtres. La température ne remonte à son niveau normal qu'au moment de la mise bas proprement dite.

Les hormones
Deux hormones essentielles provoquent le processus de la mise bas :
– la progestérone qui est sécrétée depuis le début des chaleurs, mais son taux ne s'accroît pas dans les dernières semaines. Au contraire, il chute brutalement dans les quarante-huit heures qui précèdent l'accouchement. Le dosage de la progestérone, réalisé dans la plupart des bons cabinets vétérinaires par la même méthode colorimétrique que celle utilisée pour calculer l'ovulation, permet de déterminer avec précision si le processus de la mise bas est véritablement enclenché. Ceci est particulièrement important si l'on a prévu une césarienne de convenance (chienne dont le bassin est trop étroit, présence d'un fœtus de taille anormale). On peut également vérifier, si le terme des soixante-cinq jours est dépassé, que tout est normal et qu'il n'y a pas lieu de procéder à un acte chirurgical. L'accouchement ne peut débuter que si le taux de progestérone est au plus bas ;
– l'ocytocine qui permet les contractions de l'utérus, mais n'opère que lorsque le taux de progestérone est proche de zéro.

Le comportement
Pendant les quelques heures qui précèdent la mise bas, la chienne paraît un peu inquiète. Elle cherche la tranquillité et elle aime à s'isoler pour trouver le repos, soit sur son coussin habituel, soit dans sa caisse si on lui en laisse l'accès. Il est fréquent qu'elle boude son repas. Elle demande à se soulager souvent. Répondez à ses demandes répétées qui vont lui permettre de vider sa vessie et son intestin. Pendant cette

période, de petites contractions imperceptibles dilatent peu à peu le col de l'utérus. Les périodes de repos et de sommeil profond alternent avec des moments d'agitation intense, avec grattage du sol, accompagné parfois de lacération de la couche. Cette phase de dilatation peut durer plusieurs heures. L'action de gratter et de déchiqueter semble stimuler les contractions. Ce comportement peut aussi correspondre à des instincts ancestraux, quand le canidé sauvage devait nettoyer sa tanière en déblayant le sol des feuilles et des débris qui auraient pu gêner les chiots après leur expulsion. Les lices équilibrées ne fuient pas les contacts humains, mais, au contraire, les recherchent. La présence de leurs maîtres les tranquillise alors qu'elles semblent angoissées quand elles sont seules ou dans un lieu qu'elles connaissent mal. Pendant la mise bas, la femelle du chien sauvage sait qu'elle est sans défense et vulnérable et met toute sa confiance dans le mâle dominant qui l'a saillie pour assurer sa protection et garder l'entrée du terrier. Dans la vie du chien domestique, le rôle de chef de meute est dévolu à l'homme et sa chienne éprouve le même besoin ancestral de protection. Le comportement belliqueux disparaît au point que certaines femelles laissent approcher leurs coreligionnaires pendant la mise bas sans leur manifester la moindre agressivité. Par contre, lorsque les chiots sont nés, il est préférable pour les autres chiennes du groupe de s'éloigner de la nichée qui sera défendue avec énergie et combativité.

Pendant la phase terminale, l'agitation de la femelle s'accélère. Elle commence à haleter. Les phases de halètement et de repos se succèdent à un rythme de plus en plus soutenu. Les contractions deviennent perceptibles et leur cadence s'accroît. Quel-ques minutes seulement finissent par les séparer. Au cours d'une contraction, la « poche des eaux » se rompt et un liquide clair, jaune verdâtre s'écoule de la vulve. C'est le signe que les chiots ne vont plus tarder à naître.

La mise bas

Trois sortes d'hormones contrôlent le mécanisme de la mise bas :

– les hormones hypophysaires ;
– les hormones post-hypophysaires ;
– la folliculine.

Selon leurs interventions, les quantités émises, l'accouchement se déroulera plus ou moins bien.

Les fœtus sont ancrés dans les deux cornes utérines par leurs placentas. Pour évacuer les fœtus, tous les muscles de la paroi abdominale vont se contracter, puis les muscles thoraciques gonflent les poumons et appuient sur le diaphragme. Ces efforts prolongés font descendre, le long des cornes utérines, les fœtus qui y restent accrochés par les cordons ombilicaux qui les relient au placenta. Lorsque le premier fœtus s'engage dans l'utérus proprement dit, il provoque la rupture de la poche des eaux.

Le liquide s'écoule en quantité variable. Elle peut être si faible qu'on peut la confondre avec une légère émission d'urine ou ne pas la voir du tout. Parfois, mais c'est assez rare, le premier chiot est expulsé d'un coup en même temps que se rompt la poche, au cours d'une contraction

TROIS TEMPS, TROIS MOUVEMENTS

En général, l'expulsion du chiot se fait en trois temps :
– une première poussée engage le fœtus dans le bassin ;
– une deuxième lui fait franchir le col de l'utérus à mi-corps. On voit alors très bien la vulve très gonflée et distendue ;
– la troisième poussée lui fait définitivement franchir le col et la vulve. Le petit est expulsé en totalité du corps de la mère. Parfois, le placenta s'est détaché de lui-même et accompagne le chiot. D'autres fois, il reste à l'intérieur et sera évacué plus tard.

particulièrement violente. Plus couramment, l'expulsion du premier chiot suit cette rupture dans un délai d'une demi-heure à une heure.
Au-delà, il y a peut-être un problème (dystocie due à un chiot trop gros ou mal positionné), et il est bon de consulter son vétérinaire. *Il est donc important de noter l'heure de la rupture de la poche des eaux.*

Trois cas de figure

Le chiot peut arriver sous trois positions.

Tête la première, accompagné du placenta
C'est la position la plus courante. Il sort tout entouré de son enveloppe fœtale bien close. Cette évacuation s'accompagne de l'éjection d'un liquide, généralement abondant, mélange de liquide amniotique et de sang, teinté de pigments verts. La lice Bouledogue a beaucoup de mal à déchirer l'enveloppe avec ses dents. Elle la tire plus qu'elle ne la dilacère et peut ainsi occasionner des hernies ombilicales ou des saignements.
Il est donc préférable de s'occuper soi-même du nouveau-né. C'est pourquoi la présence constante d'une personne est indispensable tant que dure la mise bas.
Pas de précipitation ! vous avez deux minutes pour sortir le chiot de son enveloppe, ce qui est largement suffisant.
Posez le nourrisson sur un linge propre et commencez par déchirer l'enveloppe avec vos doigts au niveau de la tête, afin d'éviter au nouveau-né d'aspirer du liquide. Dégagez le corps. Posez un clamp ou à la rigueur la pince à linge à un centimètre de l'ombilic et sectionnez le cordon qui relie le chiot au placenta. Ligaturez le cordon avec un fil de lin trempé dans l'alcool à un demi-centimètre de l'ombilic. Tamponnez avec un peu d'éosine. Si le chiot est bien vigoureux et s'agite, confiez-le à sa mère qui va s'en occuper, le lécher vigoureusement le rouler et le frotter avec son museau. Il est instantanément réanimé et il se met à crier. Notez l'heure de la naissance et la description du chiot.
Il peut arriver que l'enveloppe fœtale se déchire au moment de l'expulsion. Cela ne présente pas d'inconvénient.

Le fœtus n'est pas accompagné de son placenta

Il est très dangereux de tirer sans ménagement sur le cordon qui sort de la vulve. On risque de provoquer une hémorragie. Il est préférable, si le cordon dépasse de la vulve, de poser un clamp pour éviter que le placenta ne reflue vers l'intérieur. On peut éventuellement exercer une traction légère au moment d'une contraction. Sinon le placenta se détachera de lui-même un peu plus tard. Notez l'absence de placenta ainsi que son expulsion. Vous devez, en fin d'accouchement, avoir autant de placentas que de chiots. Un placenta non évacué le sera vraisemblablement dans les heures qui suivent la mise bas. Sinon sa persistance dans l'utérus de la mère risque de provoquer une très grave infection. L'intervention du vétérinaire est indispensable en cas de rétention placentaire.

Le fœtus est expulsé en siège, pattes arrière les premières

Si l'enveloppe n'est pas rompue, pas de problème. Le petit peut sortir normalement même si le passage des épaules s'avère plus délicat. Si la poche s'est déchirée lors du passage du col, le bébé risque fort d'arriver « noyé ». En effet, la rupture de l'enveloppe entraîne un réflexe d'aspiration qui fait passer brutalement le fœtus de la respiration aquatique à la respiration aérienne. Si le chiot a la tête dégagée, il aspire de l'air. Si la tête est encore dans l'enveloppe, il va respirer du liquide. Celui-ci va pénétrer dans les poumons et provoquer l'asphyxie. Il importe donc de réanimer le petit :

– nettoyez immédiatement les voies aériennes supérieures de tout ce qui peut gêner (mucus, liquide) en essuyant le museau et en dégageant l'intérieur de la bouche avec un linge ou un papier absorbant. Tenez le chiot la tête inclinée vers le bas pour que le liquide ne pénètre pas dans les bronches, mais soit expulsé par le nez ou la bouche ;

– balancez lentement le chiot, tête en bas plusieurs fois en soutenant le cou dans un mouvement pendulaire ;

– frottez-le vigoureusement. Il ne faut pas hésiter à rouler, pincer la peau du cou, pour obtenir une réaction.

Répétez ces gestes jusqu'à ce que le nouveau-né pousse son premier cri. Frottez-le encore quelques instants pour être certain de sa vigueur et rendez-le ensuite à la mère qui vous remplacera dans cette tâche avec force coups de langue et de museau. Le temps qui s'écoule entre deux expulsions est variable. Deux chiots peuvent se suivre à quelques minutes ou à l'intervalle d'une à deux heures, parfois plus. Quand tout se passe bien, les deux ou trois premiers-nés se suivent assez rapidement. Ensuite, il faut laisser le temps aux suivants de descendre le long des cornes utérines. La venue d'un autre chiot s'annonce généralement par une nouvelle agitation de la mère qui gratte sa couche et halète à nouveau. Dès que cette excitation se fait plus brutale, il faut séparer le nouveau-né – dont la mère ne s'occupera plus – et le placer dans une boîte avec une bouillotte, chaude mais non bouillante, qui maintiendra sa température corporelle aux environs de 39 °C. Attention ! certaines lices peuvent rester parfaitement calmes entre deux naissances et expulser un chiot sans avertissement préalable! La fin de la

mise bas s'annonce par le comportement de la mère qui retrouve son calme et s'occupe avec tendresse et sans précipitation du dernier-né. Une palpation délicate de l'abdomen permet de juger de l'absence de masse dure, signe de la présence d'un fœtus. Il est nécessaire d'attendre parfois plusieurs heures avant que l'utérus ne soit complètement relâché car il ne retrouve pas immédiatement sa souplesse et les muscles peuvent rester longtemps contractés. En cas de mise bas très longue ou de chiots nombreux, le dernier chiot peut naître de longues heures après l'avant-dernier (dix heures parfois !). Si vous avez des doutes, vous pouvez éventuellement montrer votre chienne au vétérinaire. Il est indispensable de renouveler régulièrement les linges de la litière pour que la lice ne baigne pas dans l'humidité. Ces sanies imprègnent les poils et sont source de mauvaises odeurs et de développement microbien. Quand la mise bas est terminée, on peut installer définitivement une couche propre et chaude. La plus recommandée est le tapis acrylique. Vérifiez la température du radiant. Pesez chaque chiot et vérifiez qu'aucun d'eux ne porte de tares graves invalidantes ou transmissibles visibles (palais fendu, becs de lièvre, malformation des membres ou du corps). Les bébés mal formés seront euthanasiés en douceur dans un bocal fermé hermétiquement et contenant un tampon d'ouate largement imbibée d'éther ou portés dans ce but chez le vétérinaire. Vous remettrez les chiots bien constitués à votre chienne qui sera ravie de retrouver ses nouveau-nés.
Néanmoins, il ne faut pas se précipiter pour supprimer un chiot présentant des membres tordus ou une tête oblongue. Un répit de quelques jours doit leur être accordé. La plupart du temps ces malformations apparentes sont dues à une mauvaise position du fœtus in utero ou à des difficultés lors du franchissement du col et de la vulve. Elles s'atténuent au fil des heures et disparaissent rapidement, sans laisser la moindre séquelle.

Les éventuelles complications de la mise bas

Elles peuvent avoir des conséquences très graves sur la vie des fœtus.
Pendant la gestation, le fœtus baigne dans le liquide amniotique. Ses poumons ne sont pas fonctionnels. Il ne reçoit l'oxygène

HALTE AUX IDÉES REÇUES !

Contrairement aux idées reçues, il n'est pas recommandé de laisser manger les placentas par la chienne. Cet acte, chez les mammifères sauvages, a pour but d'éliminer les déchets qui pourraient attirer les prédateurs. Il ne se justifie pas en élevage. Le placenta, qui a servi à stocker les toxines émises par le chiot, n'est pas très digeste. La plupart du temps, la chienne est prise de vomissements peu après l'ingestion et le rejette. Mieux vaut donc offrir à votre chienne un bon repas, peu volumineux mais reconstituant et vitaminé, après la mise bas quand elle se sera bien reposée.

indispensable à sa vie que par le sang maternel qui transite par le cordon ombilical et le placenta. Le sang usé, chargé des déchets, gagne le placenta par ce même cordon. Quand le placenta se détache de la paroi utérine, le fœtus n'est plus alimenté en oxygène par le sang maternel et son sang se charge de toxines.
La rupture de la poche amniotique, où vit le fœtus, provoque l'évacuation du liquide et le réflexe instantané de respiration aérienne. À la première inspiration d'air, les cellules alvéolaires pulmonaires se dilatent. Pour que leurs parois ne se dégonflent pas complètement et que leurs surfaces ne se collent pas les unes aux autres (collapsus), une substance chimique, la phosphadylcholine, les raidit et les empêche de s'aplatir (alectasie). C'est donc la première inspiration qui détermine le volume des espaces alvéolaires et la capacité respiratoire future. Plus l'inspiration est forte et plus le volume alvéolaire est important.

LES CAUSES D'UNE MISE BAS DIFFICILE

- Mauvaise position du fœtus.
- Taille anormale du fœtus.
- Conformation de la lice.
- Problèmes hormonaux provoquant l'inertie utérine primaire. (Taux insuffisant d'hormone posthypophysaire ou absence de réaction à cette hormone.)
- Inertie utérine secondaire due à la fatigue musculaire provoquée par des efforts trop prolongés.

A contrario, tout ce qui tend à diminuer l'intensité de la première inspiration provoque un manque d'oxygène (hypoxie).

Expulsion difficile du chiot

Le chiot a franchi le col de l'utérus et apparaît au niveau de la vulve, mais il est bloqué à ce niveau. S'il se présente par la tête, on doit le saisir par le cou derrière la tête, entre l'index et le majeur, et profiter d'une poussée de la mère pour tirer fermement , mais sans brutalité, en direction du sol. Si le chiot se présente par les pattes arrière, il faut le prendre par les membres inférieurs, en glissant le majeur entre les pattes et en les maintenant de chaque côté avec l'index et l'annulaire, et tirer toujours vers le bas.
Parfois, le chiot se présente avec un membre replié. Il faut s'efforcer de déplier doucement le membre et de le remettre dans le bon sens.
Et le dernier cas de figure : le chiot se présente en siège, mais, de plus, son abdomen est tourné vers la queue de la mère. La manœuvre est difficile, surtout si le chiot est bloqué dans le passage. Il faut tourner le chiot sur lui-même de façon à ce que le ventre du chiot revienne côté ventre de la mère. Toute traction exercée vers le haut, pour respecter l'axe de la colonne vertébrale du chiot, peut engendrer de graves déchirures chez la mère. À l'inverse, toute traction déployée vers le bas risque de léser la colonne vertébrale et de provoquer des lésions neurologiques chez le chiot. On ne peut laisser longtemps un chiot coincé dans cette position

sans risquer de provoquer de graves tuméfactions des tissus maternels. Il faut aider la mère à expulser le chiot en le tirant pendant les poussées. Le chiot arrive pratiquement toujours noyé et la réanimation est le plus souvent impossible.

Chiot beaucoup trop gros, ou monstrueux, ou bloqué aux épaules
Seule la césarienne peut résoudre le problème. Un chiot monstrueux peut être découvert lors de la radio du cinquantième jour. La césarienne est alors prévue d'office.

Conformation de la lice
Un examen vétérinaire soigné avant un premier accouplement permet de voir si une chienne est bien conformée et si le pelvis n'est pas trop étroit.
Les autres obstacles sont moins fréquents : tumeurs, rares en général, ou ptôse vaginale importante.
Il peut arriver qu'un étranglement d'une corne utérine empêche tout passage des fœtus. On ne le constate qu'à la première mise bas, lorsque la césarienne devient inévitable.
La mise bas peut se dérouler normalement si la première corne est normale.
Puis elle s'interrompt, malgré les efforts de la chienne.
C'est évidemment un cas obligé de recours systématique à ce procédé chirurgical lors des gestations suivantes.

L'HORMONE POST-HYPOPHYSAIRE : À UTILISER À BON ESCIENT

L'emploi de l'hormone post-hypophysaire présente des menaces extrêmement graves pour la mère et les chiots si elle n'est pas utilisée à bon escient par des gens expérimentés.
Elle provoque les contractions de l'utérus, **uniquement si la chienne est à terme**. Si le col de l'utérus n'est pas totalement ouvert, les chiots ne pourront pas être expulsés. Par contre, leurs placentas vont se décoller de la paroi et ne plus les fournir en oxygène. Les chiots souffriront d'hypoxie très rapidement et plus tard arriveront morts asphyxiés ou mourants. Seul un examen gynécologique fait par un vétérinaire permet de juger sans ambiguïté de l'ouverture du col. La prudence élémentaire veut qu'on ne fasse pas d'injection avant la naissance du premier-né.
En cas de blocage, seule une radio permettra de déceler un chiot trop gros ou mal formé, qui interdit l'utilisation de l'injection d'hormone, car des contractions violentes peuvent provoquer le déchirement de la muqueuse congestionnée et comprimée. Par ailleurs le chiot peut très bien ne pas être expulsé et les autres vont, par décollement placentaire, souffrir d'asphyxie.
Les doses doivent toujours être faibles. Un risque de lésion rénale par surdosage, n'est pas à négliger.
Un accouchement qui se déroule normalement n'a pas besoin d'être « aidé » par des hormones qui seront beaucoup plus nuisibles qu'utiles.
Au-delà de trois heures entre deux expulsions, il est souhaitable de prendre l'avis de son vétérinaire.

Inertie utérine primaire
Dans ce cas, la chienne peut haleter et s'agiter, mais elle n'a aucune contraction ou des contractions si faibles qu'elles ne sont guère perceptibles, et elle ne pousse pas. On peut essayer de provoquer les contractions en introduisant dans le vagin un doigt ganté et lubrifié, et en touchant le plafond en direction de l'anus. Parfois, cette simple manœuvre provoque des poussées efficaces. S'il n'y a aucune réaction, on utilise alors l'injection d'hormone posthypophysaire effectuée de préférence par un vétérinaire car les risques ne sont pas minces.
Deux cas peuvent se produire :
– aucune réaction à l'injection. Inutile d'insister. La césarienne s'impose ;
– une réponse survient très rapidement, quelques minutes seulement après l'injection. Dans ce cas, la patience est de mise. Ne renouvelez jamais l'injection plus de trois fois et avec un intervalle d'au moins deux heures entre chaque.

Inertie utérine secondaire
Elle survient lorsque la chienne a poussé trop longtemps, quand les chiots sont nombreux ou quand leur expulsion a été laborieuse. Les muscles éprouvés et tétanisés par des efforts répétés et prolongés ne répondent plus. Il faut absolument laisser à la lice le temps de se reposer pour récupérer. Une consultation vétérinaire est souhaitable. Dans des accouchements longs pour une dizaine de chiots, il n'est pas rare que le délai d'attente entre les derniers chiots dépasse trois heures. Seul le praticien pourra juger s'il faut pratiquer une césarienne pour sortir le(s) dernier(s) bébé(s). L'échographie permet de déterminer si les chiots sont vivants ou non, si leur rythme cardiaque est bon, si on peut se permettre d'attendre un peu ou s'il faut intervenir dans un bref délai. Il est tout à fait possible de voir naître naturellement un chiot bien vigoureux une dizaine d'heures après les autres !

La césarienne programmée

La césarienne programmée s'impose si la chienne ne peut mettre bas naturellement suite à une mauvaise conformation du bassin ou des organes génitaux, ou à cause de la présence d'un chiot monstrueux ou mal placé (décelé à la radiologie), ou pour toute autre raison médicale. Il est maintenant possible de déterminer le jour optimum pour opérer. On peut connaître avec précision quand la chienne est à terme en pratiquant un suivi de la progestérone dans le sang dans les derniers jours de gestation. On élimine ainsi tout risque de mettre au monde des chiots prématurés.

Les soins à la chienne allaitante

La chienne ne demande pas de soins particuliers, mais plutôt une observation régulière et attentionnée :
– observation des pertes qui vont durer plusieurs jours, parfois même plusieurs semaines. On constate l'écoulement d'un liquide glaireux,

fortement teinté de sang brun-rouge. Ces pertes s'amenuisent peu à peu en devenant de plus en plus claires, pour disparaître totalement. Tout écoulement verdâtre, laiteux, crémeux ou de fortes pertes de caillots sanguins doivent immédiatement être soignés par un vétérinaire ;

– observation des mamelles qui doivent rester souples. Elles peuvent être dures et gonflées le premier jour, mais cet état de fait ne doit pas durer. Une mamelle indurée, rouge et douloureuse est probablement infectée et peut être la cause de la perte de la portée tout entière. Des soins vétérinaires très rapides doivent être mis en œuvre, et les bébés ne devront plus téter le lait, probablement toxique ;

– observation de la température les premiers jours. Une légère fébrilité à 39 °C est normale les premières quarante-huit heures et elle est due à la montée de lait. Mais cette fébrilité doit disparaître rapidement. La présence de fièvre indique un état infectieux (la plupart du temps une rétention de placenta ou d'un morceau de placenta). Elle nécessite des soins vétérinaires immédiats ;

– observation de l'appétit. Il n'est pas rare que la chienne n'ait pas très faim le premier jour. Mais, ensuite, elle retrouve vite le goût de la nourriture et la lactation entraîne de forts besoins alimentaires. Une bonne solution consiste à laisser à sa disposition en libre service des croquettes spéciales, riches en protéines, très assimilables, type « gestation/lactation » ou « énergie » ou tout simplement « chiot premier âge ». L'eau doit être laissée à volonté.

Les soins aux chiots

Il est indispensable de toujours maintenir les chiots sur une surface propre et sèche. La litière est donc à renouveler souvent.

Il cst important de peser les chiots chaque jour à la même heure. Leur poids moyen à la naissance est compris dans une fourchette de 180 à 230 g. Mais on a pu élever (non sans mal) des chiots de 120 g et constater des poids limites de 320 g. Le poids à la naissance ne préjuge aucunement du poids final adulte.

Le lait peut manquer le premier jour. Il ne faut pas se précipiter sur les biberons dès les premières heures car c'est la succion des chiots qui va faire démarrer la lactation, puis l'accélérer. Il faut juste distribuer un minimum pour que les chiots ne se déshydratent pas, mais qu'ils aient encore suffisamment faim pour téter la mère.

Chiot de dix-huit jours

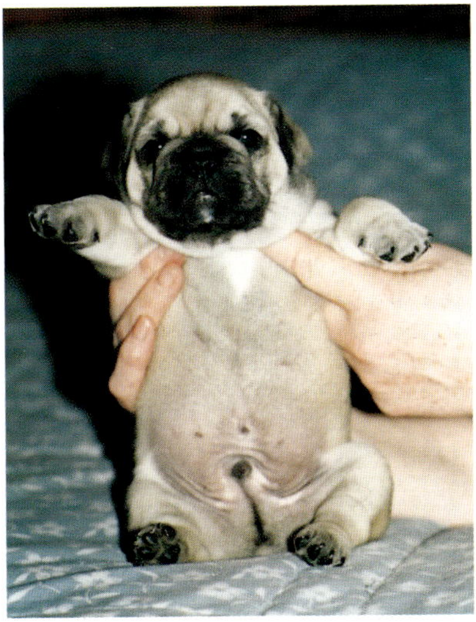

Il n'est pas rare que les chiots perdent du poids le premier jour (de 10 à 20 g) ou n'en prennent pas si le lait est peu abondant. Mais, dès le deuxième jour, la courbe ascendante reprend. Le gain journalier va progresser de 10 à 40 g, parfois même plus chez les plus goulus. Il ne faut pas s'inquiéter s'il n'y a pas de prise de poids ou une petite perte pendant vingt-quatre heures. Par contre, une perte continue, si minime soit-elle, doit retenir l'attention.
Il faut vérifier que tous les chiots tètent bien et que les plus gros ou les plus rapides n'évincent pas les timides ou les plus faibles.
Une aide peut être apportée en mettant régulièrement aux mamelles les plus faibles ou en leur donnant des biberons de lait pour carnivore.
De bonnes lices allaitent sans difficulté six chiots et parfois huit pourvu que l'alimentation soit bien distribuée. Malheureusement, certaines sont mauvaises nourrices et leur lait insuffisant ne permet pas de nourrir les chiots. Il faut alors recourir au lait maternisé pour carnivore dont il existe de nombreuses marques de grande qualité. La méthode du lait de vache enrichi de crème, jaune d'œuf, etc. (le lait de vache n'ayant pas du tout la même composition que le lait de chienne et étant beaucoup moins riche) est maintenant tout à fait obsolète.
Les chiots naissent aveugles. Leurs oreilles sont closes. Ils ne marchent pas, mais rampent sur le ventre. Leurs sens ne vont se développer que progressivement et la station debout ne commence que vers trois semaines. L'éleveur doit être attentif et observer l'évolution pour déceler éventuellement des problèmes de croissance.

Chiots de la Chapelle Saint Blaise (Prod., prop. et photo : C. Faget)

Nana avec ses chiots. Élevage Asaheim - Danemark) (Prod. : I. Nielsen)

CHCS MC IB Eaulympe de Landouar, une mère très attentive (Prod., prop. et photo : Girard)

Les problèmes digestifs bénins

Ils sont visibles : salivation, régurgitation, vomissement, diarrhée, constipation alertent rapidement. Si, dans les premiers jours, les chiots présentent de la diarrhée et une perte de poids, il se peut que la lice ait un lait toxique qui peut être à l'origine de la perte totale de la portée.
Vérifiez si le lait qui coule des mamelles est bien blanc, et non crémeux, rosâtre ou verdâtre. Si c'était le cas, ôtez immédiatement les chiots des mamelles et consultez au plus vite le vétérinaire

Les problèmes respiratoires

Ils ne sont pas anodins. Ils peuvent être graves, comme chez les jeunes enfants. Il faut donc être sensibilisé aux symptômes suivants qui signalent ce genre d'affection :

– le chiot salive et fait un bruit de glouglou ;
– le chiot s'étouffe en tétant ;
– le chiot est obligé de s'arrêter de téter, soit qu'il éternue bruyamment, soit que son nez semble bouché ;
– le chiot s'étouffe ou s'étrangle souvent en tétant, plus tard en mangeant ou en buvant. Certains chiots ayant des problèmes respiratoires vomissent un peu de nourriture lorsqu'ils jouent ou s'agitent, ce qui fait croire à des troubles digestifs ;
– certains troubles respiratoires provoquent des bâillements répétés.

Note pratique : lorsqu'il est nécessaire de pratiquer des injections sous-cutanées d'antibiotiques, il est souvent très difficile d'ajuster les doses à partir de médicaments souvent beaucoup trop fortement dosés pour des chiots de petit poids avec des seringues classiques. Une formule pratique consiste à utiliser alors des seringues pour insuline et, pour les plus petits, des seringues à tuberculine.

DES SIGNES QUI NE TROMPENT PAS

Dès les premières heures, certains comportements prouvent que le chiot n'est pas en bonne condition physique. Ces attitudes peuvent être singulières ou simultanées :
– le chiot geint. Un chiot, en bonne santé, même s'il s'égare dans sa caisse de mise bas ou ne retrouve pas le mamelon, pousse des petits cris aigus. Ces cris s'arrêtent dès qu'il a retrouvé le contact avec sa mère, les autres chiots ou la mamelle. Par contre, le chiot malade crie de façon continue et ses gémissements reprennent très rapidement, même si le fait de l'avoir replacé auprès de sa mère les a fait cesser quelques secondes ;
– le chiot est plus froid que les autres chiots de la portée ;
– le chiot se tient à l'écart ;
– le chiot ne se déplace pas pour se nourrir ;
– l'abdomen du chiot est flasque, plat et non rebondi comme il devrait l'être ;
– le chiot rejette du lait par le nez. Dans ce cas, il faut vérifier l'état du palais qui ne doit pas être fendu. Un chiot porteur de palais fendu doit être euthanasié, sinon il mourra de faim et d'infection pulmonaire dans les jours qui suivront ;
– le chiot crie et l'abdomen est dur et gonflé. Soit il a trop mangé, soit il a l'anus bouché, soit il est constipé. Dans le premier cas, le chiot se sentira mieux quelques heures plus tard quand il aura digéré. Dans le second cas, il faut nettoyer l'anus avec un petit coton imbibé d'eau tiède ou d'huile d'amande douce. Enfin, dans le troisième cas, on peut faire un petit lavement avec de l'eau bouillie tiède, au moyen d'une petite seringue ;
– l'anus du chiot est rouge vif et parfois sanguinolent. C'est un signe de diarrhée ou de lait trop acide (dans ce dernier cas, les lèvres de la mère sont souvent irritées et parfois légèrement ulcérées) ;
– le chiot ne prend pas de poids ou maigrit.

Élevage Bullmans, Norvège (Propr. : B. Solbakken, photo : Solbakken)

Chiots « de Kerboulick» âgés de deux jours (Prod., prop. et photo : P. Morfoisse)

Double bec-de-lièvre et fente palatine importante

Le chiot a une apparence physique anormale

Il a un crâne disproportionné et très volumineux : il s'agit d'hydrocéphalie. L'euthanasie est conseillée. La fontanelle n'est pas fermée : surveillez sa fermeture dans les semaines qui suivront.

Double bec-de-lièvre

Une ou les deux pattes arrière sont gonflées, œdémateuses et violacées : ce cas arrive assez fréquemment lorsqu'un chiot s'est présenté en siège et que l'on a effectué une traction difficile pour l'extraire du ventre maternel ou qu'il a eu une mauvaise position *in utero.* Ne vous affolez pas ! En principe tout rentre dans l'ordre les jours suivants. La circulation se rétablit en premier, le membre redevient rose, l'enflure disparaît peu à peu et le membre retrouve une apparence normale.

Luxation de la glande de Harder

Un des membres ou la tête semble déformé et bizarre : la plupart du temps cette déformation n'est que passagère. Elle est souvent due à un passage difficile ou à une mauvaise position du fœtus. Surveillez-le les jours à venir, mais ne vous précipitez pas sur une solution radicale.

La cécité et la surdité

Elles sont pratiquement indécelables au cours du premier mois de vie.
Le chiot naissant les paupières closes, la cécité n'est pas observable avant un certain temps. Un gonflement anormal des paupières du chiot, avant leur ouverture, est le signe d'une infection sous la paupière. Dès que les paupières commencent à se décoller l'une de l'autre, il faut par pression douce essayer de vider le pus qui s'est accumulé, bien laver avec un sérum ophtalmologique et instiller un collyre antibiotique que vous aura prescrit votre vétérinaire. Faute de soins, la cornée peut être définitivement altérée.

L'allaitement artificiel

Il existe sur le marché de nombreuses marques de lait et des biberons adaptés. Au début, on peut remplacer le biberon par un compte-gouttes. La quantité à distribuer est indiquée par le fabricant. Le rythme des tétées est à respecter soigneusement. Il est d'une tétée toutes les deux heures les premiers jours.
Dans le cas d'un allaitement mixte, on peut respecter le repos nocturne en donnant une tétée tard le soir et une autre tôt le matin et laisser les chiots à la mère le reste du temps.

Le sevrage

Il doit être progressif pour être réussi et ne pas engendrer de troubles digestifs.

Allaitement au biberon (Photo Dauvois)

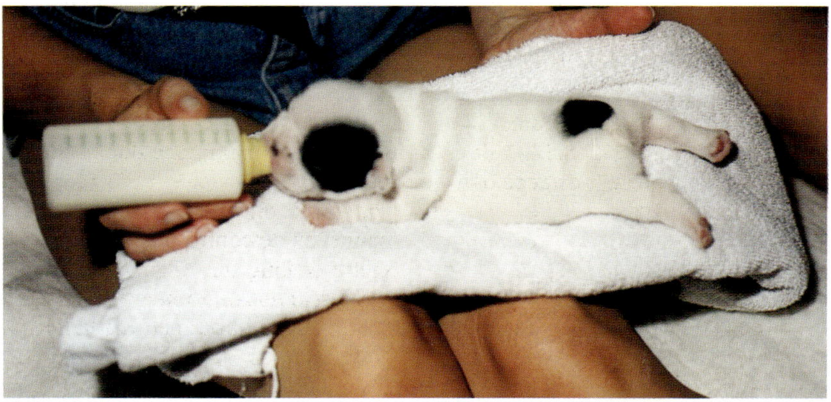

On le débute à trois semaines
Le chiot doit avoir un repas journalier. Celui-ci peut être composé :
– soit d'une pâtée richement protéinée pour chiot au rayon diététique du vétérinaire, écrasée avec un peu de lait pour chiot ;
– soit de croquettes pour chiot, préalablement humidifiées pour les rendre molles, que l'on écrase à la fourchette puis qu'on mélange avec un peu de lait pour chiot.
Dans les deux cas, il faut être patient, donner d'abord la nourriture à lécher au bout du doigt en guidant peu à peu le chiot vers la soucoupe.

À quatre semaines
On passera à deux repas journaliers.

À cinq semaines
Les chiots ne téteront la mère que pendant la nuit. Le jour on pourra la séparer afin que la lactation diminue. On distribuera trois repas par jour. On peut laisser quelques croquettes sèches, légèrement saupoudrées de lait en poudre pour chiot dans un récipient bas et de l'eau à part. On remarque que, dès cet âge, beaucoup de chiots sont plus attirés par les croquettes sèches que par le mélange humide. Dans ce cas, passez sans hésitation aux croquettes sèches, sans oublier de laisser de l'eau en permanence dans un récipient à part.

À six semaines
Le sevrage sera terminé et les chiots recevront quatre repas par jour.
Il faut veiller à ce que tous les chiots mangent bien et parfois retirer de la gamelle quelque goinfre qui empêche les autres de se nourrir convenablement. Il est encore des éleveurs pour préférer une nourriture ménagère à base de viande rouge pulpée, puis hachée, de riz cuit, de légumes écrasés, le tout complété de vitamines et de sels minéraux.
L'expérience montre que ce sont ces éleveurs qui rencontrent le plus de problèmes d'ordre digestif.Afin de stopper la lactation, la chienne sera éloignée de ses chiots qui ne devront plus la téter et sera mise à la diète vingt-quatre heures.

Les premiers pas

La croissance des bébés est très rapide et il faut assurer aux chiots un cadre de vie qui permette leur plein épanouissement physique.
L'espace qu'on leur consent dépend à la fois de leur âge, de la taille de la portée et de leur future activité.
L'idéal est de leur offrir un espace « à géométrie variable ». Pendant les trois premières semaines de vie, la caisse de mise bas est leur seul refuge puisqu'ils se contentent de ramper en rond. Ensuite, il faut ouvrir la caisse vers le monde extérieur. Pour construire les parcs de jeux où pourront s'ébattre les bébés, on peut utiliser les éléments grillagés du commerce que vendent plusieurs spécialistes. Mais on peut également bricoler soi-même des panneaux de contre-plaqué d'un mètre de long sur 40 cm de haut, plus un panneau d'une trentaine de centimètres qui permettra à la lice de sauter assez facilement auprès de ses chiots. Ce dernier sera remplacé

Barbara de la Landerie (Prod. : M.-C. Dauvois)

Balthazar de la Landerie (Prod. : M.-C. Dauvois)

par un panneau normal quand la lice sera séparée de sa portée. Chaque panneau sera muni aux deux extrémités de deux pitons ronds fermés. Il suffira ensuite de glisser une tige de fer dans les pitons pour assembler les panneaux entre eux en des modules de grandeur variable.

À trois semaines

On peut faire un parc d'un mètre carré pour une portée d'un à huit chiots pour qu'ils ne s'éloignent pas trop loin de leur caisse et ne prennent pas froid. Cet espace sera garni de journaux propres. Vous remarquerez alors que, bien que les chiots commencent tout juste à marcher, ils vont de préférence hors de la caisse pour faire leurs besoins. C'est d'ailleurs à cette période que la mère commence à négliger ses fonctions de nettoyage.

À quatre semaines

Le parc sera agrandi à deux mètres sur un mètre. Les journaux seront progressivement repoussés à l'extrémité opposée à la caisse. Ceci est un excellent moyen pour habituer très jeune un chiot à la propreté. Vos acheteurs vous en seront reconnaissants.

En belle saison, l'idéal est d'avoir un parc extérieur attenant à la nursery, réservé aux chiots, pour qu'ils puissent courir quand ils le souhaitent ou rentrer s'ils veulent se reposer. Mais on peut aussi avoir un lieu clos extérieur, possédant à la fois ombre et soleil, où les bébés pourront jouer, sans oublier toutefois qu'ils ont besoin de dormir et qu'on doit leur installer un panier où ils iront s'étendre.

Tatouage et vaccination

Ils seront effectués vers sept semaines et demie quand les anticorps maternels ne seront plus présents. Votre vétérinaire vous conseillera sur le protocole à suivre. La première sortie chez le vétérinaire pour la vaccination et le tatouage est une première épreuve stressante. Veillez à ne pas la transformer en cauchemar. Laissez les chiots à jeun, vous éviterez des salissures peu agréables et des troubles digestifs qui leur feront associer voiture et vomissements.

Portée de Rose de Kerboulick (Prod. : P. Morfoisse)

Ace of Spades de Kerboulick (Prod. : P. Morfoisse)

CONSEILS AVISÉS

Si l'on fait régulièrement de l'élevage et que l'on souhaite aménager un parc d'exercice, il faut tenir compte de certains comportements.

• Un chiot a tendance à tout manger. Mieux vaut utiliser un espace cimenté, sans herbe ni cailloux.

• L'espace doit rester propre, il doit donc pouvoir être facilement lavé et les eaux évacuées vers l'égout.

• Le chiot aime faire ses besoins au même endroit. Un bac à sable est parfait car le sable peut être changé régulièrement (les œufs de parasites qui se trouvent dans les selles peuvent rester longtemps actifs dans le sol).

• Un chiot a besoin de jouer et de s'exercer. Prévoyez des plans inclinés, des marches basses (de 5 à 10 centimètres). Un chiot qui pratique un exercice proportionné à son âge et à sa taille développe une bonne musculature. Le squelette peut se construire correctement.
Beaucoup de troubles du squelette des jeunes chiens ou des adultes proviennent d'une musculation insuffisante du chiot : pieds écrasés, coudes ou épaules décollés, pieds panards, colonne vertébrale en cuvette.

• Choisissez soigneusement les jouets que vous donnerez aux chiots. Il est préférable de choisir du latex pur ou des os en Nylon. Les balles doivent être proportionnées à la taille de la gueule pour pouvoir être saisies facilement.

C'est entre trois et sept semaines que vos bébés seront les plus aptes à découvrir la compagnie des hommes, des enfants, des autres animaux et leur environnement.
Il faut donc les manipuler souvent, leur parler, jouer avec eux, leur faire entendre les bruits les plus divers (aspirateur, téléphone, tondeuse dans le jardin). Laisser une radio allumée est une bonne formule. Ils y entendront toutes sortes de bruits.
Plus grande est la stimulation du cerveau, plus se développe l'intelligence.

Transportez-les sur leur tapis habituel afin qu'ils y reconnaissent leur odeur. Tranquillisez-les avec des caresses et des paroles lorsque vous les mettrez sur la table d'examen. Le tatouage à la cuisse doit être préféré à celui de l'oreille, si peu esthétique chez un chien qui porte les oreilles dressées. Le vaccin n'est pas efficace dans les minutes qui suivent son injection. Une période d'une semaine environ est nécessaire à la fabrication d'anticorps aux principales maladies pour lesquels vous les avez vaccinés. Il n'est donc pas raisonnable de vendre un chiot avant qu'une huitaine de jours se soit écoulée depuis la vaccination.

Les formalités administratives

Pour les chiens inscrits au LOF, plusieurs formalités administratives sont à respecter :
– à la saillie, les propriétaires de l'étalon et de la lice doivent remplir un formulaire de déclaration de saillie qui sera envoyé à la SCC par le propriétaire de la lice dans un délai de quatre semaines suivant la saillie ;
– en retour, il recevra de la SCC un formulaire en deux volets avec déclaration de naissance et demande d'inscription de portée, comportant un numéro de dossier ;
– dans un délai de quinze jours suivant la naissance, il adressera à la SCC le volet « déclaration de naissance » mentionnant la date, le nombre de chiots nés et leur sexe ;
– dans les six mois qui suivent l'ouverture du dossier, le propriétaire de la lice enverra le volet d'inscription de portée qui comporte alors le nom, le numéro de tatouage et la couleur de chaque chiot. Son envoi sera accompagné du montant des frais d'inscription qui sont modifiés chaque année et indiqués sur la feuille ;
– en retour, il recevra de la SCC les certificats de naissance de chaque chiot à remettre aux différents propriétaires.

Chiots de l'élevage de la Landerie

La vente des chiots doit respecter des règles strictement énoncées dans le Code rural (voir encadré).

L'affixe

L'affixe est le nom que porte un élevage. Il n'est pas obligatoire et on peut produire des chiots inscrits au LOF sans pour cela avoir un nom d'élevage. C'est le cas de nombreux particuliers éleveurs occasionnels.

Lorsque l'on produit régulièrement, on peut demander un affixe. La procédure consiste d'abord à demander par courrier à la Société centrale canine un dossier de demande d'affixe. Ensuite, il faudra solliciter l'autorisation du club de race et renvoyer le dossier dûment rempli à la SCC. Vous devez proposer trois noms dans l'ordre de vos préférences. L'affixe est unique et ne peut appartenir qu'à une seule personne. Il est accordé à vie. La

LE CODE RURAL

Article 285-1. Sont réputés vices rédhibitoires, pour l'application des articles 284 et 285 aux transactions portant sur les chiens :
a) la maladie de Carré ;
b) l'hépatite contagieuse (maladie de Rubarth) ;
c) la parvovirose canine ;
d) la dysplasie coxo-fémorale ; en ce qui concerne cette maladie, pour les animaux vendus avant l'âge d'un an, les résultats de tous les examens radiographiques pratiqués jusqu'à cet âge sont pris en compte en cas d'action résultant de vices rédhibitoires ;
e) l'ectopie testiculaire pour les animaux âgés de plus de six mois ;
f) l'atrophie rétinienne.

Décret n° 90-572 du 28 juin 1990

Article 1er. Le délai imparti à l'acheteur d'un animal, tant pour introduire l'une des actions ouvertes par l'existence d'un vice rédhibitoire tel qu'il est défini au livre II du titre VI du Code rural que pour provoquer la nomination d'experts chargés de dresser un procès-verbal, est de dix jours sauf dans les cas désignés ci-après (...) :
b) Trente jours (...) pour les maladies ou défauts des espèces canine ou féline mentionnés à l'article 285-1 du Code rural.

Article 2. Dans les cas de maladies transmissibles des espèces canine ou féline, l'action en garantie ne peut être exercée que si un diagnostic de suspicion signé par un vétérinaire a été établi selon les critères définis par arrêté du ministre chargé de l'agriculture et de la forêt dans les délais suivants :
– pour la maladie de Carré : huit jours ;
– pour l'hépatite contagieuse : six jours ;
– pour la parvovirose canine : cinq jours.

Article 3. Les délais prévus aux articles 1er et 2e du présent décret courent à compter de la livraison de l'animal. La mention de cette date est portée sur la facture ou sur l'avis de livraison remis à l'acheteur. Les délais mentionnés au présent décret sont comptés conformément aux articles 640, 641 et 642 du Nouveau Code de procédure civile.

Fédération cynologique internationale et la SCC vérifieront que le premier nom proposé n'a pas encore été déposé en France ou à l'étranger. Sinon, ce sera le second ou éventuellement le troisième qui sera retenu.
Tous les chiots produits par un éleveur portent le même nom d'élevage et leur provenance est ainsi nettement indiquée, quels que soient le prénom donné aux chiots et leur propriétaire.
La SCC fait obligation à l'éleveur qui possède un affixe de ne jamais vendre de chiots non inscrits au Livre des origines français, sous peine de sanctions (dont l'interdiction temporaire ou définitive d'inscrire des chiots au Livre des origines français).

Le Règlement international d'élevage de Berne dit « Convention de Berne »

C'est ce document qui régit les droits et obligations réciproques des possesseurs d'étalons et de lices lorsqu'on fait saillir une chienne.
Il n'a pas force de loi, mais c'est sur ce règlement que s'appuieront les tribunaux pour régler les différends qui peuvent opposer les propriétaires du mâle et de la femelle si aucune convention écrite particulière n'a été souscrite par les deux parties. Il est donc très important de la connaître. On peut se la procurer en version intégrale auprès de la Fédération cynologique internationale (FCI). En voici quelques extraits importants.

Préambule
[…] Il est recommandé, de façon pressante, aux éleveurs, propriétaires ou possesseurs d'étalons, de déterminer, par écrit, les conditions dans lesquelles se fera la saillie, afin de créer une situation claire en ce qui concerne les obligations financières.

Transport et frais d'entretien de la lice
Il est recommandé aux propriétaires de lices d'amener la chienne à saillir auprès du mâle, soit personnellement, soit par une tierce personne. Dans le cas où une chienne demeurerait plusieurs jours chez le possesseur de l'étalon, tous les frais en résultant, tels que alimentation, hébergement, soins vétérinaires éventuellement, ainsi que les dommages que la chienne viendrait à provoquer à l'installation d'élevage ou à l'habitation du possesseur de l'étalon, sont à charge du propriétaire de la lice. Le transport de retour de la chienne s'effectue aux frais de son propriétaire. […]

Décès de la chienne
Dans le cas où la chienne viendrait à décéder pendant son séjour chez le possesseur de l'étalon, ce dernier s'oblige, à ses frais, à faire constater le décès et sa cause par un médecin vétérinaire. Il informe de la manière la plus rapide possible le propriétaire de la chienne du décès et sa cause. […]
Dans le cas où le décès serait occasionné par la faute du possesseur de l'étalon, ce dernier est

tenu à prestation de dommages et intérêts envers le propriétaire de la chienne. [...]

Choix de l'étalon

Le possesseur de l'étalon s'oblige à ne faire saillir la lice que par l'étalon prévu à l'exclusion de tout autre.
Dans le cas où l'étalon ne procéderait pas à la saillie, la lice ne peut être mise en rapport avec un autre étalon qu'avec l'accord du propriétaire.
De toute façon, il est interdit de laisser saillir une lice par deux ou plusieurs étalons pendant ses mêmes chaleurs.

Saillie erronée

Dans le cas où il y aurait accidentellement, mais non intentionnellement, une saillie par un étalon autre que celui convenu, le possesseur de l'étalon qui a pris la lice sous sa garde est obligé de rembourser au propriétaire de la lice, tous les frais occasionnés par cette saillie erronée.
Après une saillie non intentionnelle par un étalon autre que celui prévu, il est interdit de procéder à une nouvelle saillie avec l'étalon qui avait été prévu à cet effet.
Le propriétaire de l'étalon ne peut en aucun cas, pour une telle saillie, prétendre imposer des obligations financières à l'encontre du propriétaire de la lice. [...]

Dédommagement pour la saillie

Il est recommandé au possesseur de l'étalon dc ne signer l'attestation de saillie qu'après paiement du prix préalablement fixé pour la saillie.
Une rétention de la lice en tant que gage n'est toutefois pas permise.
[...]
Il [le propriétaire de l'étalon] n'a aucun droit de se faire remettre un chiot, sauf si le propriétaire de l'étalon désire en garder un pour son propre élevage, sous condition de ne pas le vendre.
Lorsque les parties se sont mises d'accord pour la remise d'un chiot en tant qu'indemnité pour la saillie, cet accord doit alors être formulé par écrit et avant la saillie. Dans un tel accord, les points suivants doivent absolument être précisés et respectés :
a) le moment du choix du chiot par le propriétaire de l'étalon ;
b) le moment de la remise du chiot au possesseur de l'étalon ;
c) le moment à partir duquel le droit aux choix par le possesseur de l'étalon est irrévocablement prescrit ;
d) le règlement des frais de transport ;
e) les accords spéciaux pour le cas où la lice ne met bas que des chiots mort-nés, ou pour le cas où le chiot choisi viendrait à décéder avant la remise.

La lice demeure vide

Après une saillie exécutée correctement, on considère que l'étalon a satisfait à ses obligation, et que, dès lors les conditions pour avoir droit au dédommagement convenu sont remplies. Elles ne constituent pas une garantie quant au fait que la lice soit pleine. Il est laissé à l'appréciation du propriétaire de l'étalon, lorsque la lice demeure vide, soit, d'accorder à une prochaine chaleur de cette dernière, une nouvelle saillie à titre gratuit, soit de rembourser une partie de l'indemnité obtenue pour la saillie, dans le contrat de saillie. Le droit convenu à une saillie gratuite s'éteint toutefois, en principe, au décès de l'étalon ou lors d'un changement de possesseur de ce dernier ou avec le décès de la lice.

Insémination artificielle
En cas d'insémination artificielle de la lice, le docteur vétérinaire qui a recueilli le sperme de l'étalon doit certifier à l'aide d'une attestation à remettre au service tenant le Livre des origines où les chiots doivent être enregistrés, que le sperme émane bien de l'étalon dont il a été convenu. [...] Tous les frais encourus pour recueillir le sperme sont à la charge du propriétaire de la lice. Les frais relatifs à l'insémination sont également à la charge du propriétaire de la lice. Le docteur vétérinaire qui procède à l'insémination de la lice doit confirmer auprès des services tenant le Livre des origines que la lice a bien été inséminée à l'aide du sperme provenant de l'étalon prévu pour la saillie. Dans cette attestation, il convient de faire figurer également, le lieu et la date de l'insémination, le nom et le numéro d'inscription au Livre des origines de la lice, ainsi que le nom et l'adresse du propriétaire de la lice. Le propriétaire de l'étalon fournissant le sperme doit délivrer au propriétaire de la lice, en plus de l'attestation du docteur vétérinaire, une attestation officielle de saillie.

Cession de droit d'élevage
On considère de manière générale que le propriétaire de la lice, au moment de la saillie, est l'éleveur de la portée.
Le droit à l'utilisation d'une lice ou d'un étalon peut toutefois être transféré, par un accord contractuel, à une tierce personne. Un tel transfert doit, dans tous les cas, être attesté par écrit, avant la saillie projetée. Une telle cession du droit d'élevage constatée par écrit, doit être déclarée à temps au service compétent du Livre des origines, et éventuellement, à l'association d'élevage compétente pour cette race. Elle doit être jointe à la déclaration de la portée. Il convient de décrire très exactement dans la cession du droit d'élevage les droits et obligations des deux parties contractantes. La tierce personne qui prend temporairement le droit d'élevage d'une lice, est considérée comme le propriétaire de celle-ci, au sens du présent règlement, pour une période allant de la saillie jusqu'au moment du sevrage. [...]

LA GÉNÉTIQUE

Il est important de ne pas être effrayé par ce chapitre. Les notions abordées y seront volontairement simples afin d'être comprises par le plus grand nombre de lecteurs. La génétique a beaucoup d'importance si l'on souhaite faire reproduire son chien ou sa chienne, car c'est une aide précieuse pour éviter certains déboires ou pour obtenir des résultats plus rapidement.

UNE QUESTION DE VOCABULAIRE

La signification d'une douzaine de mots seulement est indispensable à la bonne compréhension de ce qui va suivre. Ce sont les mots :

Phénotype : ensemble des caractères exprimés et visibles.

Génotype : patrimoine génétique d'un individu dépendant des gènes hérités de ses parents, qu'ils soient exprimés ou non.
Exemple : un chien de phénotype bringé mais dont le génotype possède les gènes de la panachure envahissante pourra transmettre ce gène et avoir des chiots dont la robe sera à panachurc (caille), bien que cela ne soit pas perceptible à l'œil nu.

Cellule : dans l'espèce canine chaque cellule contient soixante-dix-huit chromosomes.

Gamète : cellule sexuelle contenant la moitié des chromosomes d'une cellule normale, soit trente-neuf chromosomes.
Exemple : lorsqu'un ovule (cellule sexuelle femelle à trente-neuf chromosomes) rencontre le spermatozoïde (cellule sexuelle mâle à trente-neuf chromosomes), l'œuf ainsi formé retrouve trente-neuf + trente-neuf = soixante-dix-huit chromosomes.

Chromosomes : éléments des cellules qui contiennent les **gènes**, supports matériels de l'hérédité.

Locus : gène de base qui détermine une forme de caractère précis.
Exemple : le locus S détermine la présence de la panachure. Le locus Ir détermine la couleur de l'œil.

Allèles : formes différentes que peut prendre un gène dans un locus donné.
Exemple : il existe quatre allèles au locus S :
– S qui ne modifie pas la couleur de base (la panachure n'apparaît pas) ;

– s^i qui limite la panachure à quelques endroits, extrémité des pattes, museau, poitrail ;
– s^p qui envahit la majeure partie de la robe de base ;
– s^w qui fait totalement disparaître la couleur de base. Le chien apparaît entièrement blanc.
Important : dans un individu, pour un même locus, seuls deux allèles peuvent être présents, l'un provenant du père, l'autre de la mère.

Gènes dominants : le caractère dû à un gène dominant apparaît même s'il n'est hérité que d'un seul des deux parents.

Gènes récessifs : les caractères dus à un gène récessif ne s'expriment que si les deux parents en sont porteurs.

Homozygote : individu de race pure qui porte en double le même facteur.
Exemple : SS ou s^ps^p.

Hétérozygote : individu qui porte un couple de deux facteurs dissemblables.
Exemple : Ss^p ou Ss^w.

Lors d'accouplement, tout producteur sérieux doit s'efforcer de diminuer ou d'éliminer les gènes produisant des défauts et d'augmenter le nombre de ceux qui apportent des qualités, que ce soit pour la morphologie, la santé, le caractère ou simplement la plastique recherchée. La sélection ne produit pas de nouveaux gènes, pas plus d'ailleurs qu'elle n'engendre des tares. Elle permet de mettre en valeur les gènes préexistants en leur permettant de s'exprimer. Si la sélection est bien menée, le producteur verra la qualité de ses chiots s'améliorer d'année en année. Par contre, si la sélection est inexistante, seules les lois du hasard distribueront les gènes, produisant tantôt le meilleur, tantôt le pire. La race du Bouledogue français a été créée avec des éléments disparates et en sélectionnant « contre nature », c'est-à-dire en privilégiant le type brachycéphale et le type basset. Si l'homme n'intervient pas, la nature tend toujours à reprendre le dessus en produisant des museaux plus longs, des têtes plus petites, des membres plus hauts, bref à fabriquer des Bouledogues manquant de type. À l'inverse, si l'homme méprise la nature et ne tient pas compte de ses lois en privilégiant des formes trop anormales, celle-ci prend sa revanche. Un chanfrein beaucoup trop court provoquera des troubles respiratoires très importants, conduisant à une fatigue cardiaque et pouvant aboutir à une mort précoce.

PLUSIEURS MÉTHODES

Pour effectuer ses accouplements, l'éleveur peut utiliser plusieurs méthodes.

L'exogamie

C'est le mariage hors parenté (les géniteurs n'ont pas de points communs sur au moins cinq générations). C'est l'accouplement de deux sujets au hasard, sans choix ni sélection. On peut tout attendre de ces accouplements : amélioration ou détérioration de la qualité au gré de la distribution aléatoire des gènes. La progression est évidemment lente.

L'homogamie

Elle consiste à accoupler des sujets dont le phénotype est très proche. On ne tient pas compte du tout du génotype. Avec cette méthode, on a toutes les chances d'obtenir des sujets dont le phénotype sera très proche de celui des parents. Si les deux parents sont de beaux individus et si on limite la ressemblance à des points importants, cette méthode permet de maintenir le phénotype et la qualité de la production. Lorsque l'on souhaite changer de lignée et amener du « sang neuf », surtout si les produits sont déjà bien typés, on doit toujours s'efforcer de rechercher une souche dont le phénotype est proche de celui que l'on possède. Comme il ne viendrait à l'idée de personne d'accoupler les moins bons avec les moins bons, cette méthode a des limites et consiste surtout à accoupler les meilleurs avec les meilleurs.

L'hétérogamie

Elle ne tient pas compte du génotype et consiste à accoupler les moins bons avec les meilleurs qui sont censés corriger leurs défauts. Les résultats sont très aléatoires et l'amélioration du cheptel assez lente.

TROIS POINTS ESSENTIELS

Dans la conduite de l'élevage du Bouledogue français, il faut tenir compte de trois points essentiels.

- **Le type**
C'est l'ensemble des caractères de la race sous tous ses aspects.

- **La conformation**
C'est l'ensemble morphologique du sujet. Ce n'est pas seulement l'ossature et les muscles, mais également les organes internes, dont le bon fonctionnement doit être maintenu, la fécondité et la productivité.

- **Le tempérament**
C'est sans doute le plus difficile à exprimer mais ce qui fait le charme du Bouledogue français. Il doit rester ce merveilleux chien de compagnie qu'il est devenu. L'agressivité, quand elle est innée, doit être considérée comme un défaut grave.

Pour mener à bien sa sélection, l'éleveur devra tenir compte des caractères qu'il souhaite conserver, de ceux qu'il veut améliorer et de ceux qu'il désire éliminer. Néanmoins, il est extrêmement difficile de tout faire simultanément. Il faut généralement faire un choix en privilégiant d'abord l'élimination des défauts graves, tout en s'efforçant de maintenir les qualités acquises.

L'endogamie ou consanguinité

Dans les races à pedigree où la généalogie est connue, elle consiste à accoupler des individus ayant un ou des ancêtres communs, bien entendu parmi les plus typés et les plus beaux.

Objectif visé
C'est la concentration des gènes porteurs des qualités, afin qu'ils soient transmis au plus grand nombre de descendants. Bien entendu si la consanguinité potentialise l'effet des gènes favorables, elle accentue également celui des gènes nocifs. Cependant elle ne fabrique pas les tares, elle se contente de les faire apparaître au grand jour. Les gènes récessifs cachés d'ancêtre(s) commun(s), se trouvent alors plus fréquemment en double exemplaire dans les descendants et peuvent s'exprimer.
Pour l'élevage canin, les objectifs que la consanguinité permet d'espérer sont quadruples :
– bonne homogénéité des produits ;
– fixation des caractères d'un individu particulièrement remarquable ;
– recherche de l'homozygotie la plus complète possible sur l'ensemble des caractères ;
– recherche des gènes défavorables ou létaux.

La consanguinité étroite
Les rapports père-fille, mère-fils, frère-sœur, demi-frère - demi-sœur. Cette méthode ne peut être utilisée que sur des sujets de très grande qualité. L'utiliser sur des animaux médiocres ne parviendrait qu'à renforcer les défauts, même si, parallèlement, on obtenait quelque succès en améliorant certains points. Cette pratique est délicate car l'apparition de tares ou de caractères non recherchés oblige à éliminer de la reproduction un certain nombre de sujets.

La consanguinité large
Elle a des effets moins rapides et moins spectaculaires. Elle consiste à rechercher, dans les ascendants des deux partenaires, un sujet particulièrement remarquable. L'ascendant commun peut être le père d'un des conjoints et le grand-père de l'autre. Dans ce cas, on concentre les qualités de cet individu, mais on révèle également des défauts qui pouvaient ne pas s'être exprimés précédemment.

Méfaits de la consanguinité
Ils sont bien connus : on assiste, si on répète plusieurs fois le processus, à une baisse de la fertilité et de la prolificité et à une fragilisation de l'organisme.
Seuls les éleveurs ayant une très bonne connaissance des ascendants des chiens qu'ils utilisent et de leurs collatéraux devraient utiliser la consanguinité. Il ne s'agit pas seulement de prendre en compte les titres obtenus en exposition – ce qui est à la portée de tous –, mais essentiellement de savoir le caractère, l'état de santé, les capacités des géniteurs à saillir naturellement et celles des génitrices à mettre bas sans césarienne et à allaiter, la durée de vie, les maladies dont ont pu être

CHCS. L. Claudia El Fuerte (Prod. : Ahrens, prop. et photo : C. Foube)

atteints les ascendants dont on souhaite multiplier les gènes. Rien ne sert de fabriquer un super champion en ring d'exposition si celui-ci ne se reproduit qu'avec difficulté ou meurt avant d'avoir atteint la maturité. Dans ces conditions, les titres acquis peuvent améliorer les ventes, mais en aucun cas faire progresser l'élevage.

Les couleurs de robe du Bouledogue français

Le Bouledogue français peut se présenter sous quatre aspects différents :
– robe fauve ;
– robe fauve bringé ;
– robe fauve à panachure moyenne ou envahissante, c'est-à-dire robe blanche à taches fauves ;
– robe fauve bringé à panachure moyenne ou envahissante, c'est-à-dire blanche à taches bringées, que l'on appelle caille.

La robe fauve

Elle admet toutes les nuances de fauve, du froment à l'orange. Cette robe peut être masquée ou non, mais les muqueuses doivent toujours être noires (nez et lèvres). Le gène Em, responsable du masque, concentre l'eumélanine (le pigment noir) sur la face et la laisse persister sur la ligne de dessus et la queue. C'est ce qu'on appelle la charbonnure. Mais cette présence peut passer totalement inaperçue sur les poils courts. On peut donc avoir toutes les nuances de la gamme entre le fauve très peu ou pas masqué et le fauve masqué charbonné qui présente des zones de poils noirs éparses, en particulier sur le dos et la queue et parfois même au poitrail.
On remarque que certains chiots,

Kelly El Fuerte et L. Claudia El Fuerte (Prod. : Ahrens, prop. et photo : C. Foube)

À SAVOIR

Un géniteur dont l'un des parents est à robe panachée de blanc est obligatoirement porteur du gène de la panachure et aura éventuellement la possibilité d'avoir des descendants à robe panachée de blanc (blanc à taches bringées ou fauves).
Un géniteur dont l'un des parents est fauve est obligatoirement porteur du gène responsable de la couleur fauve et pourra éventuellement avoir des descendants de couleur fauve.

• **Accouplement de deux sujets fauves.**
Seulement deux couleurs possibles :
– fauve ;
– fauve à panachure blanche moyenne ou envahissante (blanc et fauve), seulement si les deux géniteurs sont porteurs du gène de la panachure.

• **Accouplement de deux sujets « fauve à panachure blanche moyenne ou envahissante ».**
Une seule couleur possible : fauve à panachure blanche moyenne ou envahissante (blanc et fauve).

• **Accouplement d'un sujet fauve avec un sujet fauve à panachure blanche moyenne ou envahissante.**
Seulement deux couleurs possibles :
– fauve ;
– fauve à panachure blanche moyenne ou envahissante (blanc et fauve), seulement si le géniteur fauve est porteur du gène de la panachure.

• **Accouplement d'un sujet « fauve bringé à panachure moyenne ou envahissante » avec un sujet « fauve à panachure moyenne ou envahissante ».**
Seulement deux couleurs possibles :
– fauve bringé à panachure moyenne ou envahissante (blanc et bringé) ;
– fauve à panachure moyenne ou envahissante (blanc et fauve), uniquement si le géniteur à taches bringées est porteur du gène de la couleur fauve.

• **Accouplement de deux sujets « fauve bringé à panachure moyenne ou envahissante ».**
Seulement deux couleurs possibles :
– fauve bringé à panachure moyenne ou envahissante (blanc et bringé) ;
– fauve à panachure moyenne ou envahissante (blanc et fauve), uniquement si les deux géniteurs à taches bringées sont porteurs du gène de la couleur fauve.

• **Accouplement d'un sujet fauve bringé avec d'autres sujets de même couleur ou de couleur différente.**
Si l'un des deux sujets accouplés est fauve bringé homozygote et ne possède ni le gène responsable de la couleur fauve ni un gène responsable de la panachure, tous ses produits seront « fauve bringé ».
Dans tous les autres cas, les couleurs obtenues chez les chiots dépendront des génotypes des deux sujets, s'ils sont ou non porteurs du gène responsable de la couleur fauve ou d'un gène responsable de la panachure, ou éventuellement des deux. Si les deux géniteurs sont porteurs du gène responsable de la couleur fauve et du gène responsable de la panachure, ils pourront produire toutes les couleurs de robe du Bouledogue français.

Gulliver von Roten Löwenhoff (Prod., prop. et photo : Fekesa - Autriche)

Ebullient Élise Elliot, champion de Norvège, Nordic Winner 98 (Prod. : H. Lunde, prop. et photo : Lunde - Norvège)

qui naissent très fortement charbonnés, voient leurs poils noirs disparaître avec la croissance. L'excès de charbonnure n'est pas recherché.

La robe bringée

Le gène e^{br}, responsable des bringeures, ordonne la répartition de l'eumélanine en stries sur le pelage. Toutes les nuances de bringé sont possibles entre le chien dont la robe est fauve avec peu de rayures noires et le chien dont la robe apparaît noire, mais ne l'est pas génétiquement. (Dans ce dernier cas, les bringeures noires envahissent totalement la robe fauve, ne laissant parfois persister que quelques poils fauves). Les robes les plus recherchées sont celles où zones fauves et zones noires sont également réparties (fauve moyennement bringé de noir) ou celles à dominante noire, mais où les stries fauves sont bien marquées sur toute l'étendue du corps (fauve fortement bringé de noir). Les robes bringées peuvent présenter une marque blanche au poitrail, au bout des pattes et une liste entre les yeux,. Ces marques sont dues à la présence du gène de la panachure dans le patrimoine génétique du sujet. Les ongles blancs chez un sujet bringé en sont également la conséquence et non un défaut.

La robe fauve et la robe fauve bringé à panachure moyenne ou envahissante

Pour que ces robes puissent s'exprimer, il faut que le sujet soit porteur homozygote des gènes de la panachure. Ces gènes, s^p ou s^w, ôtent les pigments du poil sur des surfaces variables. Le blanc n'est donc pas une couleur vraie, mais une absence de coloration du poil. Ces robes subissent l'action de gènes modificateurs qui accentuent ou diminuent l'action des gènes de la panachure. On obtient donc toute la gamme entre la robe avec un grand « manteau » coloré et la robe totalement blanche. La robe la plus recherchée est à dominante blanche avec quelques taches bringées ou quelques tâches fauves. Il est important de connaître quelles couleurs de robe vont apparaître en fonction des accouplements.

À NOTER

En aucun cas la robe n'est tricolore. Elle peut sembler tricolore quand la panachure s'exerce sur un chien fauve fortement charbonné.
Dans ces robes, le noir peut persister sur la ligne de dos et la queue. Lorsque la panachure s'exprime, elle peut laisser, par exemple, une tache nettement charbonnée de noir à la queue et au bas des reins et une tache fauve pur sur les flancs.
Il est parfaitement stupide de dire que l'accouplement d'un blanc à taches bringées avec un fauve produit des tricolores !

À NOTER ÉGALEMENT

La dépigmentation des poils du corps peut s'étendre parfois au museau, occasionnant des taches de ladre, et aux paupières. Il ne s'agit pas là de « tares » comme on le suggérait autrefois ! Cette dépigmentation est évolutive et peut disparaître au cours des années. Ce sont généralement des chiens qui possèdent dans leur patrimoine génétique beaucoup de gènes modificateurs tendant à augmenter l'effet de la panachure. Il n'est pas souhaitable d'accoupler entre eux des sujets manquant de pigmentation afin de ne pas accentuer ce défaut purement esthétique. Quand on accouple un géniteur fauve à un géniteur bringé, seul le géniteur bringé porte le gène de la bringeure. Le fauve n'améliore donc pas la qualité de la bringeure. Si le géniteur est bringé foncé mais qu'il a dans ses ascendants des géniteurs à bringeure moyenne ou claire, ces couleurs pourront s'exprimer. Par contre, si pendant des générations le bringé a accumulé des gènes densifiant la bringeure, les chiots bringés seront aussi foncés ou noirs que leur géniteur. L'accouplement avec un fauve n'améliorera rien du tout. Il est alors préférable de choisir un bringé clair pour améliorer la qualité du bringé.

LA SANTÉ

Le Bouledogue français a une durée de vie moyenne d'environ douze ans, comme la majorité des chiens de sa taille. L'âge de quinze, seize ou même dix-sept ans a parfois été atteint mais cela reste exceptionnel. Par contre, les cas de mortalité de chiens jeunes sont très souvent dus à l'inobservance des règles élémentaires à adopter par temps chaud.
Un chien en bonne santé est vif. Il a un beau poil brillant et doux. Il mange avec appétit. Sa température rectale doit être comprise entre 38 °C et 38,5 °C. On constate cependant un phénomène racial : beaucoup de Bouledogues ont une température inférieure à 38 °C souvent aux alentours de 37,5 °C.
Le chiot Bouledogue peut rencontrer les mêmes problèmes que tous les autres chiots.

L'INFESTATION PAR LES VERS

Elle ne devrait pas exister si les chiots (et les adultes) étaient régulièrement vermifugés.
Les principaux vers rencontrés sont :
– les ascaris, qui ressemblent à des vers de terre minces et raides de 5 à 10 cm ;
– les ténias, dont les anneaux dispersés dans les fèces ressemblent à des petits grains de riz blancs rectangulaires et plats, longs de 3 à 10 mm ;
– les trichures ;
– les « vers du cœur » qui provoquent la dirofilariose canine et sont transmis par certains moustiques. On ne les rencontre que dans certaines régions, en particulier dans le sud-est de la France à partir d'une certaine altitude. La prévention passe par la pulvérisation d'antimoustiques et une interdiction de sortir à l'extérieur à partir de la tombée de la nuit.
Il est utile de se renseigner auprès des vétérinaires locaux pour savoir si la région est ou non infestée.
Les parasites intestinaux provoquent souvent des diarrhées, des troubles gastriques, parfois des troubles nerveux et, à la longue, une anémie et du rachitisme.
Les chiots seront vermifugés à quinze jours, puis tous les quinze jours jusqu'à deux mois, ensuite une

fois par mois jusqu'à six mois, tous les deux mois jusqu'à un an.
L'adulte sera vermifugé au moins une fois par an pour les mâles et à chaque chaleur pour les femelles.
Le vermifuge sera administré de préférence une semaine avant les vaccinations.

Les troubles gastriques

Ils peuvent être accidentels ou persistants, associés ou non à des troubles intestinaux.
Leur cause peut être très différente suivant les cas.

S'ils sont infectieux

Ils seront associés à des symptômes tels que la fièvre et l'abattement.
Il est donc très important de prendre la température de l'animal (la température normale est comprise entre 38 à 38,5 °C). En cas de fièvre, même peu élevée, on peut suspecter une maladie infectieuse et l'animal doit être montré de suite au vétérinaire.

Si l'animal n'est pas abattu, n'a pas de fièvre

Il peut s'agir simplement d'un accident digestif passager.
Tout doit rentrer dans l'ordre dans les quarante-huit heures et le chiot (ou l'adulte) doit avoir recouvré un appétit normal.
Le mieux est de laisser le petit malade à la diète hydrique le premier jour et de lui donner une alimentation légère le second.
Si les troubles se répètent de manière régulière, il est important de noter quand les troubles apparaissent : quand l'animal est à jeun, aussitôt après les repas, longtemps après les repas, si la nourriture rejetée est intacte ou si elle est déjà digérée. Le rejet de liquide jaune et mousseux n'est pas un rejet de bile, mais une évacuation des sucs gastriques de l'estomac. Ils n'ont rien à voir avec le foie ou la vésicule biliaire. La consultation d'un vétérinaire est indispensable.
Lui seul pourra déterminer les causes exactes des vomissements en s'aidant éventuellement de la radiographie et de l'échographie qui permettent de déceler :
– un corps étranger (cas fréquent chez le chiot qui a tendance à tout avaler : clous, agrafes, cailloux, bois, etc.) ;
– des anomalies de l'œsophage. Le méga-œsophage ou dilatation permanente de l'organe hypertrophié peut être congénital ou acquis. S'il est important et congénital, le pronostic est généralement mauvais. Cette anomalie est connue dans la race ;
– une sténose du pylore.
À noter que la torsion d'estomac est quasiment inexistante chez le Bouledogue français.

Les troubles intestinaux

Ils sont le plus souvent infectieux ou parasitaires. La diarrhée est le trouble le plus fréquemment rencontré. L'analyse des selles mettra en évidence une infection par

UN PEU PATRAQUE...

Votre Bouledogue est un peu « patraque » si vous observez les phénomènes suivants :
- il reste amorphe et perd le goût du jeu ;
- il manque d'appétit, grignote ou refuse le repas ;
- il boit trop ;
- il vomit ;
- il souffre de diarrhée ou de constipation ;
- il a les yeux rouges et présente un larmoiement ;
- il a le nez qui coule, même s'il s'agit de liquide clair et transparent ;
- il est victime d'amaigrissement.

Ces symptômes nécessitent une observation continue et s'ils persistent au-delà de vingt-quatre à quarante-huit heures, une consultation vétérinaire s'impose.
Elle doit être immédiate si les mêmes troubles s'accompagnent de ces observations :
- essoufflement ;
- troubles du rythme cardiaque, que les battements s'accélèrent ou ralentissent ou qu'ils aient un rythme désordonné ;
- fièvre élevée (au-delà de 39,5 °C) ;
- température rectale anormalement basse (au-dessous de 37 °C) ;
- vomissements avec traces de sang ;
- vomissements répétés ;
- urines anormalement foncées ou avec des traces de sang ;
- diarrhées accompagnées de sang ;
- écoulement laiteux, verdâtre, ou purulent de la vulve chez la femelle ou du fourreau chez le mâle ;
- saignements de nez ;
- troubles locomoteurs : difficultés à se relever, à sauter, à bouger la tête. Douleurs au mouvement. Parésie.

des parasites ou des bactéries.
L'automédication est souvent dangereuse.
Mieux vaut consulter rapidement si la diarrhée persiste au-delà de vingt-quatre heures.
La constipation est souvent due à une mauvaise alimentation, à la consommation excessive d'os, surtout chez le jeune. Mais elle peut être la conséquence de problèmes prostatiques chez le chien âgé.
On peut relier à ces troubles le problème de l'engorgement des sacs anaux. L'anus des Bouledogues est souvent comprimé par la queue qui est nouée, collée et rigide. Les glandes anales comprimées ne s'évacuent que difficilement ou insuffisamment.
Il suffit de les vider en exerçant une pression latérale sur l'anus.
L'engorgement, s'il n'est pas soigné, peut aboutir à un abcès.

EMPOISONNEMENT

À noter que le chocolat est un poison violent, chez tous les chiens en général, mais chez les molossoïdes en particulier.
Il faut se méfier de l'absorption de plantes ou de produits dangereux :
– les plantes d'appartement sont souvent très toxiques (Philodendron,

Diffenbachia, Arum, Chlorophytum, Dracena, Poinsettia, Kalanchoé, Caladium, Sanseveria, Schefflera, Cyclamen, Solanum) ;
– dans le jardin, tous les bulbes, y compris l'oignon alimentaire, le muguet, l'if, le laurier-rose, la digitale, le houx, l'azalée, le rhododendron, etc., peuvent être dangereux ;
– dans la maison, tous les produits ménagers, l'antigel, les raticides, les taupicides, les antilimaces, les engrais ou produits de traitement des jardins peuvent se révéler des toxiques violents et parfois mortels.
Mieux vaut donc conserver ces produits hors de portée des animaux sur les étagères les plus hautes ou dans des armoires ou placards fermant à clef.

Animaux dangereux

La vipère

Elle peut frapper brutalement, sans parfois que le maître s'en aperçoive. L'endroit piqué enfle et le chien a tendance à se lécher.
Si on a assisté à la scène, il faut porter le chien et surtout ne pas le faire marcher, ce qui disperserait le venin. Allez le plus rapidement possible chez le vétérinaire. Si on n'a pas assisté à la scène, on constate la fatigue de l'animal, sa prostration, une enflure. Un ou plusieurs hématomes apparaissent spontanément sur la peau. Les hémorragies internes provoquées par le venin sont graves. La consultation vétérinaire la plus rapide possible est conseillée.

Les guêpes, abeilles, frelons et autres insectes volants

Ils peuvent être très dangereux et même mortels si la piqûre a lieu à l'intérieur de la bouche. Le chien meurt par étouffement. Le recours au vétérinaire doit être immédiat. Ailleurs, ces piqûres sont rarement graves, sauf si le chien a une prédisposition allergique. Une injection rapide de corticoïde est alors indispensable.

Les chenilles processionnaires du pin

Elles paraissent inoffensives, mais sont, en fait, dangereuses, surtout si le chien tente de les attraper. L'animal est prostré, présente un peu de fièvre, parfois quelques vomissements. L'examen de la muqueuse buccale montre des lésions bleutées sur la langue ou les lèvres, qui seront suivies d'une nécrose des tissus. L'animal peut ainsi perdre un petit bout de langue ou de lèvre.

Les maladies infectieuses

Elles sont connues et nécessitent une consultation rapide du vétérinaire.

La maladie de Carré

Elle est très contagieuse. On note une hyperthermie persistante, un catarrhe nasal et oculaire, des troubles variés, digestifs, respiratoires, nerveux et même parfois cutanés.

La parvovirose

Maladie très contagieuse. L'animal est prostré, n'a pas d'appétit, vomit et a de la diarrhée hémorragique.

Les leptospiroses

Elles sont transmises par les rongeurs et l'eau contaminée. L'une revêt la forme d'une gastro-entérite hémorragique, l'autre la forme d'un ictère (jaunisse).

La toux de chenil

Elle se transmet surtout dans les grandes concentrations de chiens. Elle peut être due à une bactérie ou à des virus et prend la forme d'une trachéo-bronchite, avec rhinite, pharyngite et conjonctivite.

La rage

Elle atteint l'encéphale et, après des symptômes divers, la mort survient en quelques jours. Elle est très contagieuse. Pour toutes ces maladies, une bonne vaccination, tout au long de la vie du chien est la meilleure prévention.

La leishmaniose

Elle est fréquente dans toutes les régions méditerranéennes. Elle est transmise par une certaine variété d'insecte ressemblant au moustique. La maladie est grave et doit être traitée précocement. Elle est, de plus, transmissible à l'homme. Diarrhée sanglante, vomissements hémorragiques, fièvre sont les principaux symptômes. Des troubles cutanés caractéristiques peuvent être présents. Il semble que certains colliers insecticides aient un bon effet protecteur.

Les maladies de la peau

Elles sont d'origine très diverse et trop nombreuses pour être toutes énumérées.

Les allergies

Les causes sont nombreuses :
– allergies par inhalation d'un allergène (pollen, poussière, etc.) ;
– allergies alimentaires (souvent à un seul composant, gluten par exemple) ;
– allergies médicamenteuses ;
– allergies de contact (exemple : ciment) ;
– allergies aux piqûres d'insectes.
Un examen approfondi avec une observation rigoureuse clinique de l'animal permettra d'établir un diagnostic. Certaines peuvent être graves car elles se transforment en œdème pulmonaire.

Les teignes et diverses mycoses

Elles ont pour origine la prolifération de champignons microscopiques ou de levures et sont contagieuses pour l'homme et les autres animaux. Les teignes sèches sont facilement repérables, bien que l'animal ne se gratte pas. Elles forment des dépilations rondes et squameuses. Certaines teignes peuvent être suppurantes, ressemblant à de l'impétigo. En général, l'animal ne se gratte pas. Elles prennent au début l'aspect de dépilations rondes et sèches. Mais ces lésions, si elles ne sont pas soignées, s'infectent et finissent par suppurer. Le traitement peut être local et/ou général.

Les gales

Ce sont des dermatoses parasitaires plus ou moins inflammatoires.

La gale sarcoptique

Elle est très prurigineuse, avec des lésions cutanées en plaques, surtout sur la région dorso-lombaire. Elle est contagieuse pour l'homme et les autres animaux.

La démodécie

La démodécie dont l'agent est le demodex, touche le plus souvent les animaux jeunes possédant un déficit en défenses immunitaires. On constate d'abord des dépilations non prurigineuses, puis un épaississement de la peau avec aspect séborrhéique. Elle peut revêtir un aspect localisé telle la démodécie de la face en forme de lunettes autour des yeux. Elle peut être disséminée sur tout le corps. La démodécie sèche se soigne bien si elle est prise à son début.

La pyodémodécie

Elle est la complication très grave de la démodécie sèche. Elle s'accompagne d'une infection bactérienne (staphylocoques, Pseudomonas). L'animal présente des croûtes suppurantes et suintantes. Elle est très difficile à guérir, les animaux atteints étant souvent des déficients immunitaires. Le pronostic est toujours réservé.

L'histiocytome

C'est une petite tumeur bénigne qui est relativement fréquente chez le jeune chien. Elle peut surgir n'importe où sur le corps du chien, parfois même entre les doigts des pattes. Elle ressemble au début à une framboise de petite taille, dissimulée dans les poils. Elle n'a aucun caractère de gravité, mais elle peut grossir spontanément et rapidement. Il faut la faire enlever à ses débuts. Si l'histiocytome est bien situé, une simple anesthésie locale, un petit coup de bistouri et deux ou trois points de suture suffiront. Par contre, si on attend trop, l'anesthésie générale sera requise et la cicatrice beaucoup plus importante.

Les maladies oculaires

Bien que le Bouledogue ait un œil un peu exorbité, il n'est pas considéré comme fragile. Cependant il ne faut jamais prendre à la légère un œil rouge ou larmoyant et surtout ne jamais faire d'automédication. Un collyre inadapté peut causer la perte définitive d'un œil en quelques jours. L'ectropion (éversion de la paupière vers l'extérieur) ou l'entropion (retournement de la paupière vers l'intérieur) sont peu fréquents. Le distichiasis (présence de cils mal placés qui frottent sur la cornée) est un peu plus fréquent. Ces cils peuvent occasionner de la conjonctivite et même de petites ulcérations de la cornée. Le problème est résolu sans difficulté par voie chirurgicale. Les ulcères cornéens sont visualisés rapidement par le vétérinaire avec un colorant à la fluorescéine. Le traitement peut être simplement antibiotique, mais, en cas d'ulcère profond, il est parfois nécessaire de recourir à un traitement chirurgical consistant à coudre ensemble les paupières pour isoler complètement le globe oculaire de l'extérieur pendant une dizaine de jours. Le port d'une collerette est indispensable. Cette méthode, très efficace, ne doit pas affoler le propriétaire qui sera récompensé par le résultat obtenu.

Les maladies de l'oreille

Elles sont beaucoup moins fréquentes que chez les chiens à oreilles tombantes. Le propriétaire se doit de faire un examen régulier du conduit. Un nettoyage hebdomadaire ou tous les quinze jours avec une lotion auriculaire permettront de prévenir ou de détecter un problème éventuel. Une oreille portée plus basse, un grattage de la base de l'oreille ou le secouement répété de la tête sont des symptômes qui doivent alerter le maître.

Les otites externes

Elles ont des causes très diverses : présence d'acariens, de champignons ou levures, de bactéries. Seul le pra-ticien est capable de déterminer la cause et le traitement correspondant.

Les otites internes

Elles sont accompagnées d'une perte d'équilibre, d'un comportement de marche en cercle, de chute sur le côté et de mouvements involontaires des globes oculaires.

Les maladies du squelette

La dysplasie de la hanche

Le Bouledogue français est un molossoïde léger de moins de 15 kg. Jusqu'à présent, on peut dire qu'il est peu atteint par la dysplasie de la hanche

LA SURDITÉ

Elle est très rare et se rencontre aussi bien sur des chiens bringés que sur des chiens à panachure envahissante (cailles). Si elle est congénitale, c'est-à-dire que le chiot en souffre dès sa naissance, elle n'est pas obligatoirement héréditaire. Elle peut être due à une malformation du fœtus *in utero* ou la conséquence d'une mise bas trop longue ou difficile. La mauvaise oxygénation des fœtus dans les minutes ou les heures qui précèdent la mise bas est la cause la plus fréquente des troubles qui affectent en tout premier le cerveau. Elle est très difficile à détecter au cours des premières semaines et même parfois des premiers mois de vie du chiot. Celui-ci compense ses dificultés auditives par l'odorat, la vue et la sensibilité aux vibrations dans son environnement.

et que les cas rencontrés sont individuels.
Elle n'a fait l'objet , à ce jour, en France, d'aucune étude particulière dans la race, compte tenu de la rareté des cas avérés.
Par contre, le Bouledogue présente une hyperlaxité ligamentaire qui lui permet de se reposer, les postérieurs complètement allongés en arrière.
Cette distension peut occasionner une démarche chaloupée à ne pas confondre avec la dysplasie.

La luxation de la rotule

Elle n'est ni plus ni moins présente que dans d'autres races. Elle peut être acquise ou congénitale. Elle se caractérise par une boiterie discontinue avec marche sur trois pattes. Elle est généralement soignée chirurgicalement.

La chondrodystrophie

Elle est présente dans la race. Elle conduit à un raccourcissement des os. Les Bouledogues ne seraient pas ce qu'ils sont s'ils ne présentaient pas cette caractéristique raciale. Ce ne serait pas gênant si cette particularité n'entraînait pas des troubles locomoteurs sérieux, en comprimant les vertèbres.

La hernie discale

Le plus classique des troubles moteurs qui atteignent les Bouledogues français est la hernie discale. Le disque cartilagineux, présent entre chaque vertèbre, et qui sert d'amortisseur, vieillit prématurément, durcit, se déforme et peut comprimer et léser la moelle, présente dans le canal rachidien. Les hernies discales siègent de préférence aux différentes charnières de la colonne vertébrale, charnière cervico-thoracique et surtout thoraco-lombaire, mais elles peuvent survenir à tout autre endroit. Elles peuvent progresser lentement ou s'installer brutalement en quelques heures, occasionnant une douleur intense, des difficultés au déplacement, au saut, pouvant aboutir à la paralysie complète. La radiographie, et, dans les cas graves, la myélographie, permettent de déterminer le lieu et les causes. Si l'animal conserve sa sensibilité et peut marcher, le simple repos complet en cage ou dans un lieu très réduit pendant une dizaine de jours, puis une convalescence sans effort pendant trois semai-nes peuvent permettre de juguler le mal. Mais les épisodes douloureux passagers peuvent se renouveler. Par contre, en cas de perte de sensibilité, de parésie ou de paralysie, la thérapeutique est chirurgicale et doit être entreprise dans les heures qui suivent. Plus l'opération aura eu lieu rapidement, moins les lésions médullaires seront importantes et plus grandes seront les chances de récupération.

Les troubles respiratoires

Ce sont ceux de tous les brachycéphales, donc de tous les chiens à face plate, à chanfrein très court et à tête très développée. La difficulté à respirer et les bruits anormaux qui l'accompagnent sont la conséquence d'un raccourcissement de la face. Les symptômes essentiels sont perçus au moment de l'inspiration. Ils peuvent être dus à des malformations différentes, parfois associées les unes aux autres.

La sténose des narines

Il s'agit d'un excès de volume des ailes du nez qui transforme l'orifice en une fente étroite. La respiration est bruyante, sifflante avec dans les cas les plus graves une respiration par la gueule pour suppléer à l'absence d'air par les narines. Les cas où la gêne est sérieuse doivent être traités chirurgicalement.

L'élongation du voile du palais

La partie charnue du palais obstrue plus ou moins le pharynx au moment où le chien inspire. Le traitement est chirurgical et consiste en la résection d'une partie de ce voile.

Le collapsus du larynx

La respiration est bruyante et très difficile. À l'inspiration, les cartilages aryténoïdes et les membranes du larynx s'affaissent et sont aspirés vers l'intérieur. La chirurgie est difficile.

L'œdème du larynx

Il est le plus souvent dû chez les brachycéphales à une excitation intense ou à un coup de chaleur, ou aux deux réunis, par exemple lorsqu'on laisse un chien seul dans une voiture. Les temps lourds, gris, orageux, sont les plus sournois car l'absence de soleil n'empêche pas la chaleur. Le chien respire difficilement, avec un bruit strident. Par manque d'oxygène, il devient cyanosé, les muqueuses rougissent fortement.

LES TROUBLES CARDIAQUES

Ils sont rares et, quand ils surviennent, ils sont souvent la conséquence d'un mauvais état respiratoire.
Parfois, on observe un souffle cardiaque au moment de l'auscultation avant la première vaccination. Ce trouble disparaît la plupart du temps avant l'âge de trois mois. Si le souffle perdure, la visite chez un spécialiste cardiologue s'impose afin qu'il puisse déterminer par échographie les origines du souffle et ses conséquences sur la vie de l'animal.

LES SOINS DE PREMIÈRES URGENCES

- Mettez l'animal à l'ombre et au frais si possible.
- Refroidissez-le en l'arrosant d'eau fraîche.
- Calmez-le en le rassurant.
- Surtout conduisez-le dans les plus brefs délais chez un vétérinaire qui pratiquera une corticothérapie d'urgence.

LA PRÉVENTION

• Prévention du « coup de chaleur »
Les Bouledogues craignent les fortes chaleurs :
– ne faites pas jouer ou courir le chien lorsqu'il fait chaud ;
– ne laissez jamais votre Boule dans votre voiture, même à l'ombre, s'il fait chaud : le soleil peut tourner. Si la température extérieure est élevée le chien, resté seul, risque de s'énerver et d'aggraver une respiration déjà accélérée ;
– munissez votre véhicule d'un ventilateur branché sur l'allume-cigares ;
– une voiture climatisée est particulièrement utile et le chien, comme les passagers, s'en trouvera fort bien.
Cependant, en cas d'embouteillage, d'accident ou de panne, il ne faut pas négliger les règles suivantes :
– ayez toujours à portée de main une bouteille d'eau, un bol, une serviette de bain humide pour envelopper le chien s'il fait trop chaud et un vaporisateur à plantes pour humecter la totalité du corps sans inonder le véhicule ;
– pendant les fortes chaleurs n'hésitez pas à mouiller entièrement le chien avant de partir. Ces mêmes précautions sont indispensables si vous faites des expositions en été dans des locaux surchauffés ;
– faites boire le chien, dans la commissure des lèvres, avec le pulvérisateur réglé en jet grossier ;
– si, malgré toutes ces précautions, votre chien est victime d'un coup de chaleur, il faut le tremper complètement dans de l'eau et consulter dans les minutes qui suivent un vétérinaire qui réhydratera l'animal par perfusion ;
– sortez le chien de préférence tôt le matin ou tard le soir. Il faut prendre en compte la température de la surface sur laquelle on va promener le chien. Un revêtement de goudron, surchauffé toute la journée, conservera le soir une température élevée au niveau du sol. Il est préférable de choisir les parcs ou les allées bordées d'arbres.

• Prévention de la hernie discale
Plus le chien est court, plus les disques intervertébraux sont comprimés et plus les risques de hernie discale sont grands. Les chiens très courts ont d'ailleurs le plus souvent un manque de souplesse de la colonne vertébrale qui leur donne une démarche raide. Il convient d'éviter les sauts. Lorsque le chien monte sur un fauteuil, il ne risque pratiquement rien. Par contre lorsqu'il va vouloir descendre, la colonne vertébrale sera d'autant plus sollicitée que le Bouledogue est un chien lourd, comparativement à sa petite taille.
La montée d'un escalier est moins dangereuse que la descente. Restons sensés, un Bouledogue n'est pas un handicapé physique qui ne doit vivre qu'au rez-de-chaussée. Cependant, s'il habite une maison à étages et qu'il ne cesse pas de monter et descendre pour suivre ses maîtres, il usera plus rapidement les disques intervertébraux trop fréquemment sollicités, qui finiront par ne plus jouer correctement leur rôle d'amortisseurs.
Un chien bien musclé, qui marche régulièrement, sera moins fragile qu'un chien qui ne fait aucun exercice physique et dont les promenades seront limitées à 50 mètres de trottoir, trois fois par jour, pour vider la vessie et l'intestin.

• Prévention des problèmes respiratoires
Malheureusement, il n'existe pas de solution miracle, hors d'éviter l'énervement et la chaleur. Cependant si on constate des difficultés respiratoires constantes, il est nécessaire de consulter rapidement un vétérinaire. En effet, si on doit recourir à la chirurgie pour corriger un allongement du voile du palais ou une sténose des narines, mieux vaut prévoir une intervention rapide. D'une part on évitera au chien des souffrances inutiles, d'autre part les troubles ne peuvent aller qu'en s'aggravant avec le temps. D'autres organes peuvent alors subir des atteintes qui rendront la chirurgie inefficace ou très risquée, avec un résultat peu encourageant.

Les expositions

Pourquoi engager un chien en exposition ?

Que vous ayez ou non acheté un « chien d'exposition » ou si vous n'avez que de faibles connaissances du standard de la race, un avis de spécialiste vous permettra de savoir si votre chien ne présente pas de défauts graves éliminatoires.
La première démarche consiste à présenter le chien dans une exposition de niveau moyen, telle une exposition nationale. Selon les résultats obtenus, vous pourrez alors envisager de poursuivre une carrière d'exposant.
Toutefois, si le résultat est passable, il est parfois nécessaire de renouveler l'expérience avec un autre juge quand le chien aura atteint un peu plus de maturité.

Le calendrier des expositions

Les revues canines publient généralement dès la fin de l'année le calendrier des expositions canines nationales et internationales qui auront lieu en France au cours de l'année suivante. On peut également se procurer ce calendrier en en faisant la demande à la Société centrale canine.
Le calendrier de toutes les expositions internationales est publié par la Fédération canine internationale (voir Adresses utiles). Ce sont les sociétés canines régionales qui organisent les expositions.
C'est donc à elles qu'il faut adresser une demande de feuille d'engagement.
Leurs adresses figurent sur les calendriers.
La clôture des inscriptions intervient un mois avant la date de l'exposition. Il faut donc s'y prendre bien à l'avance pour demander les documents pour être certain de respecter les délais.

Les différentes expositions

Il existe plusieurs types d'expositions que nous présentons par ordre d'importance croissante.

LES PRÉSENTATIONS CANINES

Elles permettent seulement l'obtention d'un qualificatif (« Excellent », « Très bon », « Bon », « Assez bon », « Insuffisant ») et un classement par rapport aux autres sujets de la même race.

CHCS Jazz de Landouar en présentation

Les expositions nationales

Elles sont plus intéressantes car, en plus des qualificatifs, le concurrent peut se voir accorder deux récompenses :
– le CACS (certificat d'aptitude de conformité au standard), accordé à un chien classé « 1er Excellent » en classe ouverte ;
– la RCACS (réserve de certificat d'aptitude de conformité au standard) donnée au chien classé « 2e Excellent » si celui-ci est de qualité équivalente à celui ayant obtenu le CACS.

Nerak's Wildwood Pearl, champion USA (Prod. et photo: S. Monroe, prop. : J. Blair-Robertson)

Ces récompenses ne sont pas automatiques et le chien doit être de « mérite exceptionnel » puisque le CACS est l'une des récompenses nécessaires à l'homologation du titre de champion national de beauté.

Les expositions internationales

Elles sont encore d'un niveau plus élevé.
En plus des récompenses CACS et RCACS, le chien peut se voir proposer pour deux autres certificats :
– le CACIB (certificat d'aptitude au championnat international de beauté). Ce certificat est réservé à un chien classé « 1er Excellent »

dans l'une des deux classes (ouverte ou champion) et décerné au plus beau chien ;
– la RCACIB (réserve de certificat d'aptitude au championnat international de beauté) est proposée au second plus beau chien. Ces récompenses ne sont pas automatiques et sont réservées à des chiens de « mérite exceptionnel ».
Dans le cadre d'une exposition internationale (actuellement Longchamp), la SCC organise l'exposition de championnat de France.

Les expositions régionales d'élevage

Elles sont organisées par les clubs de race, soit au sein d'une exposition toutes races, soit dans un cadre choisi par eux.
Elles permettent de regrouper, dans une région donnée, un maximum de participants d'une même race.
Les passionnés peuvent s'y retrouver, échanger leurs vues et comparer leurs sujets.

Les expositions nationales d'élevage

Elles sont organisées comme les précédentes dans le même but et dans les mêmes conditions par les clubs de race, mais sur un plan national et non régional. Dans certaines conditions (plus de cinquante chiens inscrits) le CACS et la RCACS peuvent être attribués et ont la même valeur que le CACS de l'exposition de championnat. L'exposition « nationale d'élevage » est, pour une race, la plus importante des expositions. Les concurrents y sont nombreux et les juges choisis pour leur compétence. Les qualificatifs obtenus sont pris en compte pour la grille de cotation des géniteurs qui figure sur le pedigree. La plupart du temps, un examen de passage des TAN (tests d'aptitude naturels) est organisé avant ou pendant cette manifestation.

Les expositions « spéciales » de race

Elles ont lieu dans le cadre des expositions nationales ou internationales, mais le juge est

T'as le look Coco d'Inh Iborowski (Prod. : Thire). Sir Jaamers Tamblyn de la Grée aux Chouans (Prod. : Waldner, prop. : Muller, photo : Aryann)

Palmarès d'exposition

choisi par le club de race pour ses compétences particulières.

Les différentes classes

Vous pourrez engager votre Bouledogue dans la classe qui lui convient en fonction de son âge et de sa maturité.

Classe de six à neuf mois (Puppy ou Pupille) et classe de neuf à douze mois (Débutant)

Ces deux classes ne donnent pas droit à un qualificatif, mais à une appréciation du juge : « Très prometteur », « Prometteur », « Assez Prometteur ». Elles ne donnent pas lieu à un classement.

Classe Jeunes

Pour les chiens âgés de douze à dix-huit mois. Cette classe ne donne droit ni à l'attribution du CACS ni à celle du CACIB. Elle donne droit aux qualificatifs, « Excellent », « Très Bon », « Bon », « Assez Bon », « Insuffisant » et à un classement.

Classe ouverte

Pour les chiens ayant atteint l'âge de douze mois au jour de l'exposition en exposition nationale et quinze mois en internationale. Cette classe donne droit à l'attribution du CACS. En exposition internationale, elle donne droit à l'attribution du CACIB en concurrence avec la classe champion.

Molly von Kurzschwarza - Élevage Kurzschwarza (Prod., prop. et photo : Kruckenhauser)

Classe champion

Réservée aux chiens déclarés champions de beauté nationaux des pays membres de la FCI et aux chiens déclarés champions internationaux de la FCI. Il faut mentionner la date d'homologation du titre. Cette classe ne donne pas droit à l'attribution du CACS.

Classes de Paire/Couple

Pour deux chiens de même race et de même sexe appartenant au même propriétaire pour les paires, de sexe opposé pour les couples. Ces classes peuvent être inscrites « au poteau ».

Classe de Groupe

Pour trois chiens de même race sans distinction de sexe appartenant au même propriétaire.

LOTS D'ÉLEVAGE

Cette classe concerne surtout les éleveurs.
Cinq chiens au moins d'une même race et d'une même variété, sans distinction de sexe, inscrits individuellement, pouvant appartenir à des propriétaires différents, mais ayant le même producteur.
Cette classe peut être inscrite « au poteau ».

LA PRÉPARATION DU CHIEN

Elle doit être prévue longtemps à l'avance, surtout si le chien n'a jamais été exposé. Elle porte sur trois aspects.

La condition physique

C'est-à-dire l'aspect général du chien. Pendant les mois qui précèdent, il est nécessaire d'entretenir régulièrement le pelage de son chien. Un beau pelage est le résultat d'une nourriture bien adaptée, d'un brossage régulier pour enlever les poils morts, d'une chasse régulière aux parasites pour éviter toute trace de plaies ou de boutons. Vérifiez, une ou deux semaines avant le concours, la longueur des ongles. S'ils sont trop longs, coupez-les ou faites-les couper avec une pince spéciale, mais plusieurs jours avant l'exposition. Un ongle coupé trop court et qui a saigné peut occasionner une boiterie temporaire.

La présentation

Elle comprend la marche en laisse, la bonne attitude dans le ring et sur la table d'examen.
En tenant le chien à sa gauche, on peut saisir la dragonne de la laisse de la main droite et la maintenir à longueur voulue de la main gauche, en exerçant une traction plus ou moins importante. La laisse doit être suffisamment longue pour que le chien ne soit pas étranglé, mais assez courte pour qu'il se présente à vos côtés, à environ un pas de vos jambes. La longue laisse à enrouleur est à exclure. Le Bouledogue doit être placé entre le juge et vous-même et non l'inverse. Le rythme de la marche doit être rapide sans pour autant ressembler à une course

effrénée. Le Bouledogue n'étant pas toujours de tempérament compréhensif envers ses congénères, vous devrez maintenir avec vos voisins une petite distance pour que les chiens ne puissent se toucher et s'agresser. Le harnais est à proscrire de même que le spectaculaire collier en poils de blaireau. La largeur du collier sera choisie en fonction de la conformation du chien. Une laisse de présentation fine sera parfaite sur un Bouledogue très ramassé avec peu de cou. Par contre, un collier large conviendra à un chien plus longiligne. Il est important que le chien soit habitué au collier qu'il portera en exposition. S'il éprouve une gêne, il risque de se gratter frénétiquement, ce qui n'est pas très flatteur dans le ring.
Pour le poser sur la table, saisissez votre chien une main sous le poitrail, l'autre entre les cuisses, mais jamais sous les aisselles (son poids tire excessivement sur les muscles des épaules et du dos, occasionnant de la douleur). Posez-le bien droit, solide sur ses pattes. Si votre chien se couche, relevez-le sans brutalité. Le juge devant vérifier que tous les individus mâles ont bien les deux testicules descendus dans le scrotum, il importe d'habituer le chien à ce contact qu'il est loin d'apprécier. Habituez-le aussi à se laisser regarder la bouche car le juge examinera l'écartement des mâchoires, la position et le nombre de dents. Le chien doit rester calme et ne pas se retourner pour tenter de donner un coup de croc.
En statique, conservez votre chien au pied, droit sur ses pattes, bien éveillé, oreilles bien droites. Le Bouledogue français ne doit perdre ni son élégance ni la vivacité typique de son expression.

Victoria Duchesse de la Landerie (Prod. : M.-C. Dauvois)

CONDITIONS D'OBTENTION DES TITRES DE CHAMPION

• Titre de champion national de conformité au standard (champion de France) :
– le CACS de Championnat de France ou le CACS de la nationale d'élevage ;
– un CACS obtenu en exposition spéciale de race ;
– un CACS obtenu soit dans une exposition où est décerné le CACIB si le CACS obtenu en exposition spéciale de race a été acquis lors d'une exposition nationale, soit dans une exposition nationale ou internationale si le CACS obtenu en exposition spéciale de race a été acquis lors d'une exposition internationale. Ces trois CACS doivent avoir été attribués par trois juges différents et ce dans un délai de deux ans après l'obtention du CACS de Championnat ou de la nationale d'élevage, si le chien ne les a pas obtenus précédemment.

• Titre de champion international :
– 4 CACIB obtenus dans au moins trois pays différents sous trois juges différents, le dernier CACIB devant être obtenu au moins un an après le premier. Un des CACIB doit être obtenu dans le pays d'origine de la race (France) ou dans le pays de résidence du propriétaire.

• Titre de champion national des autres pays membres de la FCI
Renseignez-vous auprès des sociétés canines de chaque pays, les règles étant variables.

Le mental

Le chien ne doit pas être peureux, mais, au contraire, attentif.
Il ne doit en aucun cas être agressif avec les juges ni avec les congénères qu'il sera amené à cotoyer.
Veillez à votre attitude personnelle : attention, à maître stressé et énervé, chien perturbé et instable.
Parlez à votre chien et rassurez-le par une caresse.
Ne l'agressez pas par une tonalité brutale de vos paroles s'il n'obéit pas à vos ordres.
Montrez-vous patient, calme et reprenez-le sans rudesse.

LES JUGEMENTS

Lorsqu'il a terminé l'examen de tous les chiens qui lui sont présentés, le juge remet à chacun des exposants un carton portant le qualificatif attribué à son chien.
Dans l'ordre décroissant de qualité : « Excellent » (carton rouge), « Très bon » (bleu), « Bon » (jaune), « Assez bon » (vert), « Insuffisant » (blanc). Il classe ensuite les quatre meilleurs en leur attribuant une place et peut ou non octroyer le CACS et la RCACS s'il estime que les deux premiers classés en sont dignes. En exposition internationale, il pratiquera de même pour décerner le CACIB et la réserve CACIB.

VOTRE BOULEDOGUE ET LE SPORT

On peut sourire en lisant le titre de ce chapitre, tant le Bouledogue a une réputation de chien non sportif. En fait on oublie qu'au début du siècle ce petit chien était utilitaire et qu'il chassait les nuisibles, ce qui demande vivacité, agilité, bons réflexes et musculature en conséquence. L'exagération dans le type en fait, malheureusement parfois, un chien poussif, manquant de souffle, au squelette raide, qui ne peut plus bouger beaucoup.

LA PROMENADE

Elle est non seulement excellente, mais indispensable pour maintenir la bonne santé du chien. On doit pouvoir consacrer à son Bouledogue au moins une heure de promenade journalière. Une marche, à pas régulier, est excellente et peut se pratiquer même sur de bonnes distances, de deux à cinq kilomètres. Mais il faut que le temps soit frais, le rythme modéré, avec des périodes de repos. Le Bouledogue prend un grand plaisir à ces balades où il est heureux de partager avec son maître une activité. On peut en profiter pour perfectionner les notions de rappel, de marche au pied, de maintien de la position assise ou couchée pendant les périodes de repos, mais sans toutefois transformer la promenade-détente en promenade-pensum !

Il est important de respecter le rythme de vie de son chien. Il est particulièrement nuisible de lui demander de parcourir cinq kilomètres le samedi ou le dimanche alors qu'il ne sort pas de son appartement le reste de la semaine, à l'exception d'une pause-pipi de quelques mètres. Par contre, certains Bouledogues, compagnons de retraités sportifs, peuvent parcourir dix kilomètres sans aucun problème, mais ils font de longues promenades de deux à trois kilomètres chaque jour de l'année, à un rythme régulier et pondéré.

LE JOGGING

Il est formellement contre-indiqué. De par sa conformation, le Bouledogue ne peut faire des efforts durs et prolongés, sans risquer l'asphyxie. Le faire courir de cette manière ne peut qu'au mieux abréger son existence, au pire entraîner une mort immédiate.

La natation

Elle est sujette à polémique. On constate que la plupart des Bouledogues détestent la pluie, mais pataugent avec délectation dans la moindre mare. De là à nager, c'est une autre histoire ! Curieusement, même si certains Bouledogues sont attirés par l'eau, 90 % d'entre eux ne savent pas nager. Ils coulent à pic, n'effectuant aucun mouvement de battements des pattes pour se débattre. Le corps se dresse verticalement, les pattes arrière semblant irrémédiablement entraînées par le fond. Il faut donc être extrêmement prudent quand on se promène au bord d'un lac, d'une rivière ou même d'une piscine. Que le Bouledogue aperçoive un objet intéressant et il n'hésitera pas à plonger dans l'eau, coulant sur-le-champ. Il ne vous restera plus alors qu'à plonger à votre tour pour le repêcher quand il est encore temps. Une telle aventure en plein mois de février peut être fatale aux deux « baigneurs ». Par contre, un petit nombre d'entre eux se régalent des bains et accompagnent leurs maîtres dans leur sport nautique, mais ils sont rares.
Il faut donc se montrer particulièrement prudent.
Dans tous les cas, que l'on possède un Bouledogue nageur ou pas, les piscines, même peu profondes, restent des lieux dangereux à surveiller. Le rebord ne permet pas au chien de remonter sur la terre ferme, à moins qu'elle ne soit équipée d'une descente en pente douce ou d'un escalier. Il peut, faute d'un bon accès, nager en rond jusqu'à épuisement.

Vidock de la Landerie (Prod. : M.-C. Dauvois)

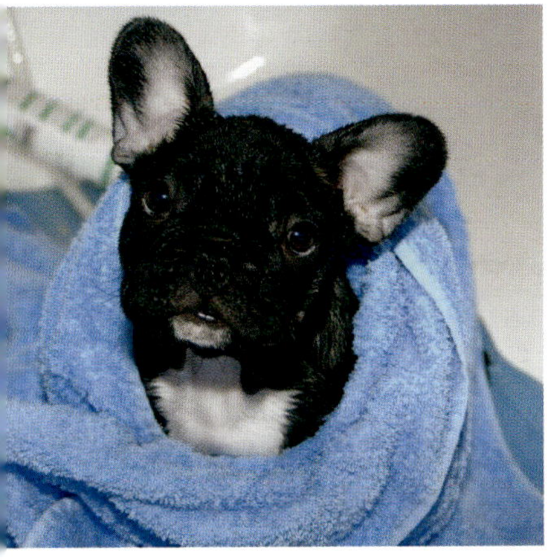

L'éducation canine

Elle a pour objectif d'apprendre au chien certaines règles élémentaires d'obéissance, de respect des autres chiens et de savoir-vivre avec les humains. Elle est à conseiller aux maîtres inexpérimentés qui ne savent pas comment montrer leur autorité et craignent de traumatiser leur compagnon. Votre chien rencontrera des congénères et vous des propriétaires confrontés aux mêmes problèmes et désireux de bien faire.
Vous apprendrcz comment faire exécuter des exercices simples qui

vous faciliteront la vie.
Lorsqu'elle est bien menée, par des éducateurs spécialisés, cette école de bon comportement est acceptée par le chien comme un jeu et non comme une punition. Il faut se montrer prudent dans le choix d'une telle école. En aucun cas le professeur ne devra utiliser des méthodes de contrainte brutales.

L'obéissance

Il s'agit d'une véritable discipline sportive. Elle juge à la fois les qualités d'obéissance du chien et les aptitudes du maître à l'obtenir. Elle demande un fort esprit de rigueur, de pondération et de concentration.
Le juge tient compte de la rapidité et de la qualité d'exécution des exercices, de l'attitude du chien, de ses mouvements, de la vitesse d'ensemble. Cette discipline contraignante n'est que modérément appréciée par les Bouledogues qui ne trouvent pas là matière à exprimer leur spontanéité et leur enthousiasme.
Les propriétaires n'ont pas la tâche facile et les résultats ne sont pas toujours au rendez-vous, même si outre-Atlantique certains ont obtenu de très bons résultats.

L'agility

Cette discipline conviendrait mieux au Bouledogue, de par son aspect ludique, que l'obéissance. Le Bouledogue peut y exprimer sa joie de vivre et sa complicité avec son maître. Il sera ravi de lui faire plaisir et de partager d'intenses moments de jeux.
Les Bouledogues concourent dans la classe réservée aux chiens de moins de 35 cm au garrot. Les obstacles sont donc calculés pour ne pas être dangereux.
Pour autant, tous les Bouledogues ne sont pas aptes à pratiquer l'agility. Le parcours doit être exécuté en un minimum de temps et certains obstacles comportent des sauts. Ces efforts physiques exigent, à la fois, une capacité pulmonaire élevée, un bon tonus musculaire et une récupération

Oaklore's Morveux Magnum, discipline « Obéissance » (Prop. et photo : B. Buckles - USA)

Gertrude du Chevalier d'Ors (Prod. : V. Guillon, prop. et photo : F. Kozlowski)

Iaera du Val de l'Amandier (Prod., prop. et photo : M. Gerbal)

rapide après l'exécution. Le squelette de votre Bouledogue ne devra pas être trop compact, afin de conserver une bonne souplesse de la colonne vertébrale, en particulier au moment des sauts. Les chiens que les juges trouvent un peu « longuets » ou un peu légers en exposition sont beaucoup plus vifs et mobiles et aptes à pratiquer ce sport. Le maintien immobile quelques instants est généralement plus difficile à obtenir que la rapidité d'exécution du parcours ! Ce sport ne sera jamais pratiqué par temps chaud. Vous devrez, avant de prendre la décision d'y participer, bien observer comment votre chien se comporte après un effort, une bonne marche prolongée ou un jeu de poursuite avec un compagnon à quatre pattes. S'il s'essouffle, respire bruyamment, met plus de cinq minutes à récupérer une respiration raisonnable, il vaut mieux renoncer. Par contre, si le test est bon et que vous pensez y prendre plaisir, n'hésitez pas et adhérez à un club d'agility. Ce sport convient bien aux enfants qui trouvent là un plaisir intense partagé avec leur chien, le goût de l'effort, de la discipline et de la compétition.

Iaera du Val de l'Amandier (Prod., prop. et photo : M. Gerbal)

LA CHASSE

Le Bouledogue chasse plus volontiers le coussin que le lapin ! Il n'y a vraiment rien à attendre de lui dans cette discipline.
Il est amusant de noter que certains ont conservé le goût de la chasse aux rats, mais nos habitations sont heureusement débarrassées, de nos jours, de ces bêtes nuisibles et ils n'ont guère l'occasion d'exercer leur talent qu'à la campagne.
Ils se montrent parfois aussi chasseurs de taupes. Mais ce genre de gibier n'intéresse guère les amateurs !

Le Bouledogue français dans l'art

Le Bouledogue français ayant fait ses débuts mondains dans les milieux artistiques de la fin du XIXe et du début du XXe siècle, il est tout à fait logique qu'il ait été le sujet de très nombreuses œuvres d'artistes connus de cette époque.

Peinture

Le peintre français le plus célèbre a été, sans nul doute, Henri de Toulouse-Lautrec. Une photographie, prise en 1896 au Bosc, dans la cour du château familial, nous montre toute la famille Toulouse-Lautrec réunie, avec aux pieds de sa grand-mère Gabrielle, le Bouledogue français bringé Tuck. Il en fera plusieurs dessins, dont une lithographie pour le menu du mariage de son cousin Emmanuel Tapié de Celeyran. Une très belle peinture du chien Bouboule, appartenant à Mme Palmyre, tenancière de maison close, figure au musée d'Albi.
Le peintre animalier Léon Danchin, dont les lithographies de chiens de chasse sont très nombreuses, a fait un très joli pastel de deux têtes de Bouledogues français, dont il a été tiré plusieurs lithographies.
André Margat a souvent pris le Bouledogue pour modèle et a illustré d'une splendide suite de bois gravés un ravissant livre d'Andrée Pragane, racontant la vie du petit Thomas, un Bouledogue français, bien entendu. Il a fait en 1950 un superbe pastel d'un Bouledogue, Whisley de Gerenton, dont nous avons même les origines précises.
Plus récemment, c'est Andy Warhol qui a peint le chien d'Yves Saint-Laurent.
On trouve cependant assez peu de peintures anciennes en France, alors qu'elles sont plus fréquentes en Grande-Bretagne. L'un des peintres animaliers les plus réputés, peintre des chiens de la cour royale britannique, Frances Fairman (1836-1923), nous a laissé une très belle huile sur toile de Benoît, un chien bringé âgé.
De très belles huiles ont également été peintes par Wardle et les eaux-fortes d'Herbert Dicksee (1862-1942) sont réputées à juste titre.

Sculpture

De nombreux sculpteurs ont pris le Bouledogue français pour modèle. L'un des plus célèbres, Rembrandt Bugatti (1884-1916) prit, en 1905, pour modèle le Bouledogue français de sa mère. Il lui en dédicaça un exemplaire et l'autre à son ami, le fondeur Valsuani. Il y a actuellement trois exemplaires grand format (28,4 x 27 x 18 cm) et un peu plus d'une trentaine de pièces de plus petit format (14 x 13 x 8 cm). La finesse de la sculpture, la qualité de la patine, le soin apporté par le fondeur Hébrard en font des pièces de grande valeur artistique et marchande.
Édouard Marcel Sandoz (né à Bâle en 1881 et mort en 1971 à Lausanne), céramiste, peintre, sculpteur, tomba lui aussi sous le charme du Bouledogue français. Lors de son premier séjour en Italie, il rencontra une délicieuse dame d'un certain âge accompagnée d'un superbe Bouledogue. Cette personne s'intéressa aux croquis du jeune homme. Le lendemain, un domestique le pria de se rendre chez la reine mère d'Italie, qui n'était autre que la propriétaire du beau Bouledogue de la veille. Il fit donc de son chien un magnifique bronze. Si l'achat d'une telle pièce n'est pas à la portée de toutes les bourses, on peut se contenter d'acquérir, si on la trouve, une porcelaine de Limoges, signée du même artiste, une mère Bouledogue avec deux chiots, qui peut servir de bonbonnière ou de sucrier. Preuve que le Bouledogue français était le compagnon des artistes, il pose au centre d'une photo de groupe, prise à l'École des Beaux-Arts, en compagnie de Sandoz et Palma, son ami et praticien.
On attribue souvent à Pompon un très beau bronze, toujours dénommé « Bouledogue » dans les revues spécialisées et les catalogues de vente ; il s'agit en fait d'un Boston Terrier qui appartenait à un ami proche. Cependant, à l'époque, le Bouledogue étant plus fin et élancé que de nos jours, la confusion est explicable.
On peut citer bien d'autres sculpteurs, Samson, Dreux, Navellier, Lachambre, Tourgueneff, Coty, Boudarel et tant d'autres.

Mascotte automobile signée Becquerel (collection privée)

LA MASCOTTE

Autre marque de distinction : l'automobile. Elle est au début du siècle réservée à quelques privilégiés (noblesse, gros industriels, haute bourgeoisie). Sa fabrication se fait en série depuis la Ford modèle T, mais ces séries sont limitées. Il est de bon ton d'orner l'automobile d'accessoires distinctifs et personnalisés, qui rendent chacune d'elles unique. L'ornement le plus recherché est la mascotte automobile, qui trône sur le bouchon du radiateur. Certaines sont fabriquées en série comme le prouvent les catalogues d'accessoires de la maison Marvel. D'autres sont de véritables œuvres d'art, fabriquées en séries très limitées par de grands orfèvres et conçues par des sculpteurs célèbres. Il existe même un concours annuel organisé par un journal, L'Auto, réservé aux « motifs artistiques pour bouchons de radiateurs ». Le premier prix a été attribué en 1922 à un « Bouledogue à la chaîne », dont les auteurs sont MM. Dugès et Jouenne. Cette mascotte a été produite par les établissements Marvel, en deux tailles, deux factures – cubiste comme le sujet primé d'origine et non cubiste – et en un cinquième modèle cubiste avec thermomètre incorporé. Cet objet, produit en série, est plus facile à trouver que les mascottes en bronze, signées par des sculpteurs célèbres : Dreux, Bourcart, Samson, Paillet, Descamp, Cardeilhac, etc.

Joaillerie

Le Bouledogue français, particulièrement prisé à la cour du tsar de Russie, ne pouvait qu'inspirer le célèbre joaillier Fabergé et son école. Le Bouledogue y est le plus souvent sculpté dans une pierre fine dure, ses yeux sont des pierres précieuses et le collier en or est orné de pierres fines. Le modèle présenté ici est en quartz fumé, les yeux sont des émeraudes cerclées d'or et le collier est en or et garni de saphirs.
Ces pièces sont très rares et particulièrement onéreuses.
Par ailleurs, on trouve peu de bijoux anciens. Les joailliers ont aussi signé de très beaux pommeaux de cannes en or et cristal.
Les cannes sont d'ailleurs très recherchées par les collectionneurs. Ce sont, au début du siècle, non pas des accessoires de marche, mais de véritables ornements pour les messieurs au même titre que les bijoux pour les dames. Elles sont donc très souvent ornées de pommeaux en

Boîte à pilules en argent guilloché et émaillé (collection privée)

Bouledogue en quartz fumé, collier en or et saphirs, yeux or et émeraudes (collection privée)

matière précieuse, ivoire, pierres dures (cornaline, jade, etc.), corne de rhinocéros, cristal gravé en intaille. La diversité et la finesse de sculpture entre les différentes têtes de Bouledogue en ivoire est assez stupéfiante. Ce sont de véritables œuvres d'art.

Coupe-cigare, bronze de Vienne (collection privée)

Porcelaine et faïence

Restent bien sûr tous les objets en porcelaine ou en faïence qui ont été fabriqués jusqu'aux années quarante. Le Bouledogue français peut être sujet dc vitrine, représenté dans toutes les positions et tous les styles, par des manufactures plus ou moins célèbres. Il peut aussi avoir un usage et la liste est longue et diversifiée : salière, poivrière, moutardier, porte-couteau, rond de serviette, cendrier, bonbonnière, bocal à sucre ou confiture, flacon à liqueur ou à parfum, tirelire, serre-livres et lampe veilleuse simple ou brûle-parfum. Les plus beaux sujets sont en provenance d'Allemagne (porcelaine blanche de Meissen à la finesse exceptionnelle, Nymphenburg, Rosenthal) et du Danemark (Manufacture royale et Bing & Gröndhal). L'Autriche et la Tchécoslovaquie ont fabriqué en série beaucoup de Bouledogues en porcelaine à la fin du siècle dernier et au début du suivant. Plus tard, c'est au Japon que l'on doit une foule de petits sujets de facture plus modeste et de prix très raisonnable. Paradoxalement, la France n'a pratiquement pas produit de Bouledogues en porcelaine. On trouve surtout quelques faïcnces craquelées des années trente qui reviennent à la mode de nos jours. Le collectionneur a donc le choix pour assouvir sa passion. Néanmoins, la quête est de plus en plus difficile et les objets de qualité de plus en plus chers. Le Bouledogue français est à la mode en France, mais aussi aux États-Unis, au Japon. La concurrence est donc âpre et fait monter les prix des plus belles pièces.

Adresses utiles

Fédération cynologique internationale (FCI)
14, rue Léopold II
6530 Thuin (Belgique)
Tél. : 00 32 71 59 12 38

Société centrale canine (SCC)
155, avenue Jean-Jaurès
93535 Aubervilliers Cedex
Tél. : 01 49 37 54 00
01 49 37 54 01 (Adresses d'éleveurs pour acheter un chiot)
01 49 37 54 54 (Fichier central / Chien perdu ou trouvé)
Fax : 01 49 37 01 20

La Société centrale canine pourra vous adresser une fiche de renseignements sur la race qui vous intéresse, vous communiquer l'adresse des éleveurs de la race que vous recherchez, les dates et lieux des différentes manifestations canines, les adresses des clubs d'utilisation et d'éducation. Elle vous aide également à retrouver un chien perdu ou à signaler que vous avez retrouvé un chien égaré.

Club européen du Bouledogue français
13, rue du Maréchal
25870 Moncey
Tél. : 03 81 57 87 14
Site web : http://www.cebf.sso.org

Club du Bouledogue français
La Basse Chênaie
49150 Fougère
Tél. : 02 41 82 20 21
Site web : http://www.cbf-asso.org

Services Minitel

3615 CHADOG

3615 CYNOFIL

Sources

Bratke-Jorns U., *Der Bully*, Bullyverlag, 1993.

Comminges W., *Le Bouledogue français,* Éditions Firmin-Didot, 1933.

Cuomo U., *Le Bouledogue anglais et le Bouledogue français,* Éditions De Vecchi, 1993.

Denis B., *Génétique et sélection chez le chien,* Éditions Pratique médicale et chirurgicale de l'animal de compagnie, Société des sciences naturelles de l'ouest de la France, 1997.

Eltinge S., *The French Bulldog,* Mip Publishing, 1988.

Fontbonne A., *Faire reproduire son chien ou sa chienne,* Éditions Maradi, 1996.

French Bulldog Club of America, *The French Bulldog,* 1926.

Gay E. et A., *Le Bouledogue français,* Éditions Rhodaniques, 1967.

Girard F. et J.-P. , *Le Bouledogue français,* Éditions Girard, 1988 et 1990.

Grebe J. et Eltinge S., *The Flat Face Encyclopædia,* Éditions Ardesign, États-Unis, 1997.

Little C. C., *The Inheritance of Coat Color in Dogs,* Howell Book House, New York, 1979.

Luquet (Dr) L., *Dogues et Bouledogues,* Éditions Intercanis, 1982.

Megnin P., *Le Chien et ses races,* 1900.

Nicholas A. K., *French Bulldogs,* TFH Publications, 1989.

St John Cooper, *Bull-Dogs and All about Them,* 1914.

St John Cooper et Clarke C., *Bull-Dogs and Bull-Dogs Breeding - Toy Bull-Dogs,* 1905.

Stubbs, *The French Bull-Dog,* 1903.

Wolter (Pr) R., *Diététichien,* Édimat, 1985.

Index analytique

Achevé d'imprimer en août 2006
à Bergame, Italie,
sur les presses de Grafiche Print

Dépôt légal : août 2006
Numéro d'éditeur : 9681